Peter Kollmar

STEFAN SCHWERDTFEGER
FRÜHE LEBENSBILDER

INTERNATIONALISMUS

ZUR ENTSTEHUNG

▶   Das Buch erscheint zum 90. Geburtstag des hannoverschen Künstlers und Architekten Professor Stefan Schwerdtfeger. Es geht dieses Mal allerdings nicht um den Künstler, sondern um den wachen Zeitzeugen aus dem frühen zweiten Drittel des letzten Jahrhunderts zwischen seiner Geburt 1928 und der Gründung der Familie nach 1950. Seine Kindheit und Jugend liegen in der Zeit des Dritten Reiches und des Krieges.

Stefan Schwerdtfeger erinnert sich mit erstaunlicher Detailtreue an viele persönliche Erlebnisse und Erfahrungen. Trotzdem schimmert die jeweils aktuelle politische oder militärische Lage durch. Aber eben aus der Sicht, wie ein typischer Junge oder Jugendlicher sie erlebt und sie mit seinen eigenen Interessen verknüpft. Das macht dieses persönliche Buch zu einem Zeitdokument.

▼

Der Aufbau des Buches mag ungewöhnlich wirken. Die frühen Lebenserinnerungen von Stefan Schwerdtfeger werden ausführlich eingeleitet mit seinen Vorfahren und der Biografie seiner Eltern. Aus der Darstellung wird jedoch bald deutlich, in welchem Maße während des Nationalsozialismus die Herkunft der Eltern sein Leben als Kind und Jugendlicher bestimmt hat. Ohne diesen Hintergrund würde vieles in seinen Erinnerungen unverständlich bleiben. Hinzu kommt, dass er bei den Vorfahren auf Spurensuche nach seiner eigenen künstlerischen Begabung und Neigung ist.

Die Erinnerungen enden mit der Gründung der eigenen Familie und dem Einzug in das Haus im Morgensternweg. Es hat eine innere Logik, dass Stefan Schwerdtfeger in seinem hohen Alter nur noch als sein eigener Zeitzeuge auftreten kann. Seit Gründung der Familie gibt es seine Kinder, die aus ihrer Erfahrung über ihn erzählen können.

▼

Als langjähriger Freund habe ich in vielen Interviews mit Stefan Schwerdtfeger seine frühen Lebenserinnerungen gesammelt und in die hier vorgelegte Struktur gebracht. Mit dem Kunstgriff, die einzelnen Geschichten jeweils mit Überschriften zu versehen, möchte ich die farbige Lebendigkeit seiner Erinnerungen widerspiegeln und insbesondere seinen episodenhaften Erzählstil profilieren. Gleichzeitig entsteht dadurch ein narratives Mosaik. Die Bearbeitung der Interviews hat die authentische Frische, den Humor und die charakteristische Sprache Stefan Schwerdtfegers beibehalten. Da Stefan Schwerdtfeger sich als Architekt und vor allem auch als Bildender Künstler ein hohes Renommee erworben hat, finden sich immer wieder in Titeln und Überschriften Assoziationen zu gängigen Bezeichnungen aus der Kunst.

Peter Kollmar   Hannover, Juni 2018

Reinhold Schwerdtfeger, der Großvater Stefan Schwerdtfegers, mit Hildegard und Kurt Schwerdtfeger

DIE AHNENGALERIE

▷   **Schwerdtfeger**

Weil ich ein Schwerdtfeger bin, will ich mit den Schwerdtfegers anfangen. Die Familie Schwerdtfeger stammt aus Hinterpommern zwischen Köslin im Osten, Stolp im Westen und der Ostsee im Norden.

▷   **Vaters Elternfamilie**

Mein Vater Kurt Gerhard Franz Schwerdtfeger wurde am 20. Juni 1897 in Deutsch Puddiger geboren, das ist ein kleines Dorf in der Nähe von Köslin/ Hinterpommern. Sein Vater, also mein Großvater, Reinhold Schwerdtfeger (geb. 1871 in Zuchen/Pommern – gest. 1959 in Pinneberg) war dort Dorf- schullehrer. Zu der Lehrerstelle gehörte auch ein kleiner Hof. Das war da- mals üblich auf dem Dorf. Alle erforderlichen landwirtschaftlichen Arbei- ten hatten allerdings die Bauern zu verrichten.

   Reinhold Schwerdtfeger heiratete 1895 Martha Schwarz (geb. 1878 in Schmaatz/Pommern – gest. 1902 in Deutsch Puddiger), die Tochter eines Wassermüllers aus Schmaatz bei Stolp. Interessant, ja fast witzig ist, dass mein Großvater aus der Familie eines Windmüllers kam. Windmühle heira- tete quasi Wassermühle. Er musste oder wollte vielleicht auch Lehrer wer- den. Die Mühle bekam nämlich sein ältester Bruder. Eine Regelung, die ja auch auf den Bauernhöfen gilt. Diese Windmühle stand in Zuchen, einem Dorf ebenfalls in Hinterpommern in der Nähe von Köslin.

▷

▷ Muttchen

Mein Vater hatte eine ältere Schwester Antonie, genannt Toni, und einen jüngeren Bruder, der hieß Franz. Hier muss ich etwas zur Familiensituation meines Vaters erklären. Mein Großvater hatte nämlich noch ein zweites Mal geheiratet. Seine erste Frau Martha Schwarz, meine leibliche Großmutter, ist nach der Todgeburt ihres vierten Kindes 1902 am Kindbettfieber gestorben. So etwas kam damals noch sehr häufig vor. Eine Geburt war immer mit dieser Gefahr verbunden.

▽

Mein Großvater wurde also in seinen jungen Jahren schon Witwer. Um die drei kleinen Kinder zu versorgen und auch den Haushalt zu führen, brauchte er eine Frau. Da fiel ihm ein, dass es eine Cousine Hertha Schwerdtfeger gab, für die ihre Familie schon lange einen Mann suchte. Die heiratete er. Aber das war eine reine Vernunftehe. Die Stiefmutter wurde von allen »Muttchen« genannt. Sie war aber leider kein Muttchen, sondern eine typische Stiefmutter. Sie bevorzugte Franz, den jüngeren Bruder meines Vaters, in einer Weise, dass er ihr fast hörig wurde.

▷ Muttchens Visionen für die Stiefkinder

Diese enge Beziehung hatte auch in dem späteren Leben von Franz eine Rolle gespielt. Muttchen war amusisch, wie übrigens Franz auch. So hatte sie sich überlegt, dass die beiden Jungs Franz und Kurt Beamte werden sollten. Der eine beim Zoll als Zollsekretär, und für meinen Vater hatte sie sich den Postbeamten ausgedacht. Bei meinem Vater ist dann ja alles anders gekommen, als Künstler, Bauhäusler, Bildhauer und Professor. Franz als Lieblingskind wurde später wirklich Zollinspektor.

▷ **Das Marmormurmel-Experiment**

Anders als Franz war mein Vater Kurt dagegen für Muttchen schon als Kind ein Ausbund an Renitenz, ein richtiger Bengel. Denn mein Vater dominierte seinen Bruder Franz. Der Arme hatte nichts zu melden und musste einiges ertragen. Einmal hat mein Vater ihm eine kleine Marmorkugel ins linke Ohr gesteckt. »Ich puste jetzt, und dann sehen wir, ob die Murmel auf der anderen Seite wieder rauskommt!« Das hat natürlich großen Ärger gegeben.

▷ **Holzschuhe**

Wie auch bei folgender Begebenheit: Es war, bevor die Familie nach Köslin übersiedelte, wahrscheinlich weil die Kinder dort aufs Gymnasium gehen sollten. Mein Vater war im Dorf unterwegs und sah im Schaufenster beim Schuster Holzschuhe für Kinder ausgestellt. Diese Holzschuhe faszinierten ihn, weil ihre Trittflächen farbig waren. Er ging zu dem Schuster in die Werkstatt und sagte: »Ich möchte diese Holzschuhe, die Sie im Schaufenster stehen haben.« »Da muss ich erst mal Maß nehmen«, antwortete der Schuster. Er hat Maß genommen und nach Maß die Holzschuhe gefertigt.
▽

Eines Tages erschien er dann in der Wohnung von Lehrer Reinhold Schwerdtfeger, in der Hand das Paar Holzpantinen und sagte: »Ihr Sohn Kurtchen war bei mir und hat die bestellt. Hier sind sie nun!« Mein Großvater fiel aus allen Wolken, doch ihm blieb nichts anderes übrig, als die Schuhe zu kaufen. Solche Geschichten hat mir mein Vater erzählt. Er war ein großer Erzähler. Mir wird an solchen Streichen klar, dass er sich so seine persönliche Freiheit gegenüber der Stiefmutter und seine spätere Eigenständigkeit erkämpft hat.

Kurt Schwerdtfeger im Atelier

VATER KURT SCHWERDTFEGER – EIN PORTRAIT

▷   **Kriegsfreiwilliger im Ersten Weltkrieg**

Mein Vater hat in Köslin 1914 sein Abitur gemacht. Eigentlich war es ein Kriegsnotabitur. Das wurde ihm deshalb zuerkannt, weil er sich 1914 als Kriegsfreiwilliger für den Ersten Weltkrieg gemeldet hat. Dort hat er es bis zum Wachtmeister gebracht. Offizier ist er nie geworden. Das hing damit zusammen, dass er vor Verdun schwer verwundet wurde. Eine französische Maschinengewehrkugel hat ihn dicht am Rückgrat getroffen. Diese Verletzung führte dazu, dass er immer ein geschwollenes linkes Bein hatte. Er war an der Front nicht mehr verwendungsfähig. Man übertrug ihm als Feuerwerker die Verwaltung eines Munitions- und Gerätedepots.

▷   **Die Gewehrkugel an der Uhrkette**

Hier muss ich eine fast bizarre Geschichte erzählen. Diese Gewehrkugel konnte bei meinem Vater nicht operativ entfernt werden. So war es sein Wunsch, dass die Kugel wenigstens nach seinem Tod herausgeschnitten werden würde. Und ich sollte sie dann – in Erinnerung an ihn – als Anhänger an meiner Uhrkette tragen. Aus verständlichen Gründen konnte ich diesen Wunsch nicht erfüllen. Außerdem habe ich andere und schönere Erinnerungen an meinen Vater.

▷   **Chrom-Nickelstahl-Portrait – ein Rückkauf**

Wenn ich schon bei der »Soldatenkarriere« meines Vaters bin, dann will ich sie hier anschließen. Und dazu noch eine andere Begebenheit erzählen. Er ist im August 1939, kurz vor dem Beginn des Zweiten Weltkriegs, am 1. September zu einer Wehrübung eingezogen worden. Zunächst war er in Greifswald, dann in Stettin stationiert und wurde schließlich wieder in Stettin als

9

Oberfeuerwerker eingesetzt. Seine Aufgabe war die Verwaltung des Munitionsdepots. Als Schwerverletzter aus dem Ersten Weltkrieg konnte er zu Hause wohnen. Nach seinem Dienst zog er die Uniform aus, stellte seinen Säbel in den Schirmständer und ging in sein Atelier zum Arbeiten. Insgesamt ist mein Vater über zehn Jahre seines Lebens Soldat gewesen.

▽

Während seiner Stationierung in Greifswald interessierte ihn, was aus dem Atelier von Ernst Barlach geworden war. Die Nazis hatten Barlachs Kunst im Zuge der Aktion »Reinigt den Kunsttempel« als entartet eingestuft. In dem ehemaligen Atelier begegnete mein Vater einem jungen Kunsthistoriker, der hier die aus den Museen entfernten »entarteten« Kunstwerke sammelte und ins Ausland weiter verkaufte.

Er kannte vom Namen her den auch als entartet geltenden Bildhauer und Bauhäusler Kurt Schwerdtfeger. Er sagte: »Im Regal hier habe ich ein Portrait des Stettiner Schauspielers Alberti aus Chrom-Nickelstahl, das Sie gemacht haben. Es stammt aus dem Stettiner Museum. Wollen Sie es zurückhaben?« Und so konnte mein Vater für 20 Reichsmark dieses Portrait erwerben. Bei uns zu Hause stand es in einem Regal neben anderen Arbeiten. Da ich es täglich sah, hat es sich bis auf den heutigen Tag bei mir eingeprägt.

▷ **1918 Unfreiwillige Entlassung durch Muttchen – Königsberg**

Aber nun zurück in die Chronologie. Als Kurt 1918 als Soldat entlassen wurde und zur Familie zurückkehrte, bekam er sofort wieder Ärger mit »Muttchen«, der Stiefmutter. Sie hat eines Tages einen Wäschekorb genommen, alle seine Sachen hineingepackt, ihn vor die Tür gestellt und gesagt: »Nun hau ab!« So ist er auf und davon und ist nach Königsberg gegangen.

An der dortigen Universität hat er Kunstgeschichte und Philosophie belegt, zwei Semester lang. Parallel dazu belegte er an der Volkshochschule Kurse im Modellieren. Hier hat ihn eine Volkshochschullehrerin entdeckt und ihm empfohlen: »Bei Ihrer Begabung müssen Sie Kunst studieren!« »Wo denn?« »Versuchen Sie es doch mal in Weimar am Bauhaus!«

▷ Bauhaus und Weimar

Mein Vater hat sich beworben und ist 1920 aufgenommen worden in die Bildhauerklasse. Seine Lehrer waren u. a. Oskar Schlemmer und Johannes Itten. Er wurde ein total überzeugter »Bauhäusler« mit Pony-Haarschnitt, Manchester-Anzug (heute Cord genannt), den vielen Festen und unkonventioneller Lebensführung. Sie waren alle arm wie die Kirchenmäuse, schliefen unter den Zeichentischen. Er lernte gute Freunde kennen, die nachher ganz bekannte Leute wurden: z. B. Marcel Breuer, der den Stahlstuhl erfunden hat, oder Walter Gropius. Diese Beziehungen sind auch weit über seine Bauhauszeit bestehen geblieben.

1938 bot ihm Walter Gropius an, der in die USA emigriert war, die Bildhauerklasse am »New Bauhaus« in Chicago zu übernehmen. Er lehnte ab. Die Gründe mögen wohl die englische Sprache, Familie und Freunde gewesen sein. Ferner war es zu diesem Zeitpunkt nur noch möglich, ein Visum zu bekommen, wenn man bereit war, seinen gesamten Besitz, in seinem Fall alle seine Arbeiten, weit unter Preis zu veräußern. Außerdem hatte er wohl die Hoffnung, dass die Nazizeit bald vorbei sein würde.

1922 hat mein Vater das »Reflektorische Farblichtspiel« erfunden. Mit diesem Werk ist er von den sogenannten Meistern, das waren die Professoren, ausgewählt worden, als Studentenvertreter die erste Bauhausausstellung überhaupt in Weimar mit zu betreuen und sein »Reflektorisches Farblichtspiel« vorzustellen. Das war eine große Ehre für ihn und hat ihm sehr gefallen. Man kann das alles in den Bauhaus-Büchern nachlesen.

Verärgert darüber, dass ein Kommilitone von ihm, Hirschfeld-Mack, die Idee geklaut hat und nun mit dem »Reflektorischen Farblichtspiel« auftrat, verließ mein Vater aus Protest 1923 das Bauhaus.

▷

11

Freier Künstler in Berlin und Ruf nach Stettin

Er ist nach Berlin gegangen und hat dort als freier Künstler etwa zwei Jahre lang gelebt. In dieser Zeit beteiligte er sich an Ausstellungen, u. a. der Berliner Sezession. 1925 erhielt er den Ruf an die Kunstgewerbeschule in Stettin als Leiter der dortigen Bildhauerklasse. Berufen wurden gleichzeitig ein anderer Bauhausfreund, der Maler Vinzenz Weber, und die Weberin Else Mögelin, ebenfalls eine Bauhäuslerin. Direktor war Gregor Rosenbauer, kein Bauhäusler. Er war zuvor Bürochef bei Peter Behrens, einem sehr bekannten Architekten. Rosenbauer hat als freier Architekt viel gebaut in Stettin und galt als sehr kultivierter Mann.

▽

Gregor Rosenbauer ist auf meinen Vater aufmerksam geworden durch eine Ausstellung in einer der besten Galerien, die es damals in Berlin gab. Von Stettin aus war man in eineinhalb Stunden mit dem Zug in Berlin. Nach Berlin hielt mein Vater immer enge Beziehungen. Im Romanischen Café hat er seine Freunde getroffen.

▷   **Hochzeit in Stettin**

In Stettin lernte mein Vater dann seine Frau, meine Mutter, Hildegard Hanau kennen. 1925 haben die beiden geheiratet und zunächst in der Wohnung meiner Großeltern mütterlicherseits, der Hanaus in Stettin, gewohnt.

▷

Dr. Emil Lehmann Hanau

Hildegard Hanau

MUTTER HILDEGARD HANAU
EIN PORTRAIT

▷ **Das Elternhaus**

Meine Mutter Hildegard Hanau wurde am 3. November 1905 in Hannover als fünftes Kind ihrer Eltern geboren. Damals war ihr Vater Dr. jur. Emil Lehmann Hanau (20. Februar 1861 Frankfurt/Main – 21. Februar 1922 Stettin) für einige Jahre als Landgerichtsrat am Landgericht Hannover tätig.

Ihre Mutter war Martha Clara Gertud Hanau geb. Schütte (15. Februar 1879 Altenkirchen – 18. Januar 1930 Berlin). Sie kam aus einer Pastorenfamilie und wurde als kleines Kind Waise, weil ihre Eltern sehr früh gestorben sind. Eine andere Pastorenfamilie hat sie dann aufgenommen. In dieser Familie in Altenkirchen/Westerwald lernte mein Großvater sie kennen. Martha Schütte war damals achtzehn Jahre alt und mein Großvater wiederum achtzehn Jahre älter als sie. Emil Lehmann Hanau war Jude und ließ sich 1891 taufen. Nach ihrer evangelischen Hochzeit 1897 wohnten sie zunächst auch in Altenkirchen.

Mein Großvater Emil Lehmann Hanau hat als Jurist häufiger auf andere Stellen wechseln müssen. Das bedeutete immer wieder Umzüge: von Altenkirchen nach Hannover und schließlich nach Stettin. Am Oberlandesgericht Stettin wurde er dann Oberlandesgerichtsrat.

▷

▷ Belletage

Meine Großeltern Lehmann Hanau bezogen nun in Stettin ein stattliches Mehrfamilienhaus in der Deutschen Straße 20 (Haltestelle Straßenbahn zur Kaiser-Wilhelm-Oberschule). Dort bewohnten sie im ersten Stock, in der sogenannten Belletage, eine Wohnung mit vierzehn Zimmern. Es war ein großbürgerlicher Haushalt mit allem, was damals dazugehörte: Dienstmädchen, Köchin, Gouvernante. Meine Großmutter war sehr sozial eingestellt. So ließ sie zum Beispiel den Sohn ihrer Köchin studieren. Hildegard hatte ein französisches Kindermädchen und überraschte alle, als sie mit vier Jahren Französisch sprach. Zu Weihnachten gab es immer drei Weihnachtsbäume: einen für die Familie, einen für das Personal und einen für die Puppen. Im Sommer fuhr die Familie mit dem gesamten Personal zur »Sommerfrische« nach Neuendorf an die Ostsee. Meine Mutter hatte eine unbeschwerte Kindheit in diesem hochherrschaftlichen Milieu mit großen Festen und gesellschaftlichen Einladungen.

▷ Tischgesellschaft

Bei einer solchen Gesellschaft zum Abendessen hatte meine Mutter – sie muss da etwa zwölf oder dreizehn Jahre alt gewesen sein – einen Tischherrn. Der wusste nun gar nicht, was er mit dem jungen Mädchen neben sich anfangen sollte. Er trank nur Bier und sagte dann zu ihr – aus Spaß oder Verlegenheit: »Willst du denn auch Bier?« Daraufhin ihr Protest: »Nein, Bier macht dick, faul und impotent.«

Sommerfrische in Neuendorf, 1908

▷ Die Familie der Hanau-Kinder

Meine Mutter hatte fünf Geschwister: ihren Bruder Arthur Ferdinand (1902–
1985) und zunächst drei Schwestern. Die älteste war Marie Klara (1898–
1994), gen. Mariechen, verheiratet mit dem Arzt Werner Kleinschmidt. Sie
hatten schon Ende des Ersten Weltkrieges geheiratet und lebten in Wupper-
tal. Dann kam Elisabeth Regina (1899–1990). Sie war Studienrätin für Französisch und unterrichtete in Berlin an einer reformpädagogischen Schule.
1933 ist sie als sogenannte Halbjüdin und wegen dieses Pädagogikkonzep-
tes entlassen worden. Dann Margarete Emma (1901–1985), gen. Gretchen.
Sie ist verheiratet gewesen mit dem Berufsschullehrer Conrad Heeren und
wohnte in Norden in Ostfriesland. Sie war Kindergärtnerin und Gewerbe-
lehrerin. Es könnte sein, dass sie auch im Berufsschulwesen tätig war. Tante
Gretchen in Norden wird dann nach dem Zweiten Weltkrieg für unsere
Familie eine große Rolle spielen. Die kleinste Schwester in der Familie war
Gisela, ein Nachkömmling. Sie ist 1918 geboren, hat später Medizin studiert
und wurde Kinderärztin. Bei der Geburt von Gisela war meine Mutter zwölf
Jahre alt.

Die sechs Geschwister Hanau am 23. Mai 1958
Hildegard, Marie, Arthur, Gisela, Margarete und Elisabeth

▷

▷ Schmetterlingsausflüge

Mein Großvater Emil Lehmann Hanau war ein fanatischer Insektensammler. Er hatte mehrere Kästen, in denen er die Fliegen, Käfer und Schmetterlinge in Reihen nach wissenschaftlichen Gesichtspunkten organisierte. Ich kann mir gut vorstellen, wie die Sonntagsspaziergänge in Stettin ausgesehen haben, wenn der Vater mit seinen Kindern unterwegs war. In der Hand ein Schmetterlingsnetz und auf dem Rücken am Riemen seine Botanisiertrommel. Beides brauchte er ja, um Insekten und Schmetterlinge für seine Sammlung zu fangen.

▷ Hanauia marginata – Fliegenfest 1988

In Erinnerung an diese Leidenschaft des Vaters und Großvaters Emil Lehmann Hanau hat es 1988 ein sogenanntes Fliegenfest gegeben. Alle Hanaus haben sich bei meinem Vetter Dr. med. Gerhard Kleinschmidt getroffen und dort ein Wochenende verbracht. Fliegenfest hieß es, weil mein Großvater nämlich bei seiner wissenschaftlich betriebenen Schmetterlings- und Käferforschung eine Fliege entdeckt hat, die bisher noch keiner kannte. Sie ist nach ihm als dem Entdecker benannt worden: Hanauia marginata! In den Mittelpunkt des Festes rückte dann aber doch mein Enkel Jakob, der Sohn meiner Tochter Julia. Das wenige Monate alte Baby wurde ständig von einer Tante zur nächsten Großtante weitergereicht.

▷ Der »Schweinezyklus« des Bruders Arthur

Meine Mutter hatte eine enge Verbindung zu ihrem älteren Bruder Arthur, der in der hannoverschen Zeit geboren wurde. Dr. Arthur Hanau ist später ein berühmter Wissenschaftler geworden. Als Privatdozent an der Universität in Berlin hat er die landwirtschaftliche Marktforschung entwickelt und nach dem Krieg einen Lehrstuhl in Göttingen bekommen. International bekannt wurde er als Ökonom mit seiner Doktorarbeit über den sogenannten Schweinezyklus. Ein Begriff, den heute fast jeder kennt und benutzt. Er konnte mit Statistiken nachweisen, dass der Verlauf der Preise für Schweine immer mit der Abfolge von Angebot und Nachfrage zusammenhängt.

Wenn die Schweinepreise niedrig sind, werden nicht so viele Schweine ge-
züchtet, und die Preise gehen hoch. Wegen des hohen Preises fangen nun
viele an, Schweine zu züchten. Es entsteht ein Überangebot, und die Preise
fallen wieder.

Dr. Arthur Hanau

▷

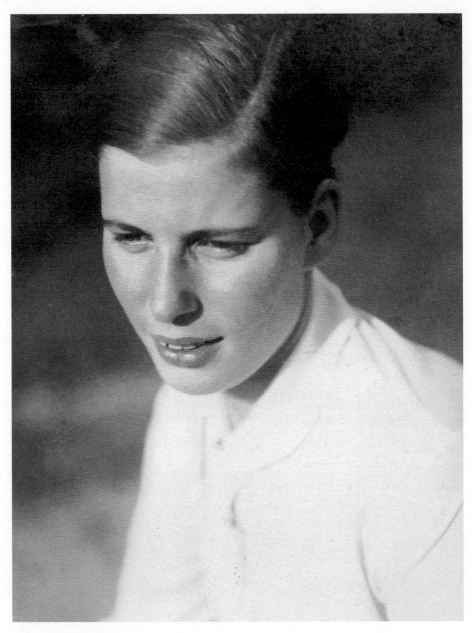

Hildegard Schwerdtfeger, geb. Hanau, 1932

Hildegard, die Textilarchitektin

Meine Mutter ist in Stettin aufs Lyzeum gegangen. Das war damals für Mädchen üblich. Weil sie so unterernährt war, wurde sie nach dem Ersten Weltkrieg nach Schweden aufs Land geschickt. Im Alter von sechzehn Jahren schickten ihre Eltern sie in ein Mädcheninternat in Göppingen (Baden-Württemberg). Daraus ergab sich eine lebenslange Verbindung mit ihrer Freundin Bethel. Überraschenderweise hat sie nach der Mittleren Reife eine Schneiderlehre begonnen. Als Linkshänderin musste sie mit rechts nähen lernen. Die Schneidermeisterin in Stettin, bei der sie die Lehre machte, war sehr stolz, die Tochter eines Geheimrats und Oberlandesgerichtsrats, also aus sehr guter Familie, als Lehrling zu haben.
▽

 Für meine Mutter war diese Entscheidung eine wichtige Sache. Denn sie hatte für Textilien und Schneidern eine ausgesprochene Begabung. Sie konnte gut räumlich denken, ihre Ideen kreativ umsetzen und außerdem sehr individuell auf Menschen eingehen. Ich habe immer gesagt, Schneidermeisterinnen sind eigentlich auch Architekten. Denn sie entwerfen, wenn man so will, ein direkt auf den Körper bezogenes »Textilhaus«.
▽

Alle meine Garderoben als Kind hat sie genäht und später auch für ihre Enkelkinder geschneidert. Sie war sehr geschickt. Als ich aus dem Krieg kam, hat sie mir aus der Uniform ein Jackett gemacht. Ein Beispiel dafür, wie hervorragend sie nähen könnte. Sie arbeitete schon sehr früh mit einer elektrischen Nähmaschine, an der ich als Kind immer spielte. Wenn sie nähte, war ich immer um sie herum.

▷ Von Hannover nach Hannover

Obwohl in Hannover geboren, ist die eigentliche Heimat meiner Mutter Stettin. Hier ist sie groß geworden. Erst in den letzten Jahren ihres Lebens ist sie dann doch wieder in Hannover gelandet. Mein Vater bekam 1946 eine Stelle als Professor an der Pädagogischen Hochschule in Alfeld (bis zu seiner Emeritierung 1962). Dort wohnten meine Eltern, bis sie nach der Emeritierung nach Hildesheim in das Atelierhaus Am Knüppelbrink zogen, das ich für meinen Vater gebaut habe. Hier hat sie nach dem Tod meines Vaters 1966 noch einige Zeit gewohnt. Und ist dann nach Hannover gezogen, nach Herrenhausen in das Hegebläch. Gar nicht weit von unserem Haus im Morgensternweg.

▽

In den 1970er Jahren ist sie Geschäftsführerin des Deutschen Werkbundes in Hannover gewesen. Vielleicht auch in Erinnerung an ihren Mann, der bis 1932 Mitglied im Deutschen Werkbund war. Ihre letzten Lebensjahre – nachdem sie schweren Herzens das Autofahren aufgeben musste (im Alter von 92 Jahren) – hat sie im Herta-Meyer-Pflegeheim in der Berggartenstraße in Herrenhausen verbracht. In dem Haus, in dem ich nun auch lebe.

Von meinem Zimmer blicke ich auf eine Plastik meines Vaters im Garten. Sie stammt aus dem Nachlass, den meine Mutter verwaltete. Ein Geschenk, das sie dem Herta-Meyer-Haus gemacht hat.

▽

Meine Mutter ist am 11.08.1999 gestorben und wurde auf der Grabstelle meines Vaters auf dem Friedhof in Hildesheim-Himmelsthür beigesetzt.

DIE JÜDISCHEN VORFAHREN

▷ **Hanau aus Frankfurt**

Mein Großvater Emil Lehmann Hanau stammt aus einer jüdischen Familie, deren Wurzeln in Frankfurt liegen. Die Hanaus waren dort Kaufleute und betrieben ein großes Handelshaus. In der Familie wurde immer gerne erzählt, dass die Schwester seines Großvaters Nathan Lehmann Hanau, mit Namen Eva Hanau, verheiratet war mit Amschel Mayer Freiherr von Rothschild (1773–1855), einem Bankier aus der Rothschild-Familie und Gründer der Bankdynastie Rothschild, der 1817 von Kaiser Franz II. von Österreich geadelt wurde. So wurde sie Eva von Rothschild (Hanau). Die 1796 geschlossene Ehe mit Eva Hanau blieb kinderlos.

▷ **Jüdisches Erbe**

Unsere Mutter hat oft erzählt, dass sie schon in ihrer Kindheit und Jugendzeit Vorurteile gegenüber Juden erlebt habe. Dieses jüdische Erbe prägte in der Nazizeit mein Leben, das meiner Eltern, Großeltern und ihrer Kinder. Grund hierfür waren die sogenannten Nürnberger Gesetze. Sie haben tiefe Einschnitte in unser Leben gebracht. Über viele Jahre hinweg hat all dies in mir große Ängste hervorgebracht. Und nicht nur bei mir.

▷

▼ Die sogenannten Nürnberger Gesetze – Erläuterung:

Die rassistische Ideologie des Nationalsozialismus im Dritten Reich wurde in den sogenannten Nürnberger Gesetzen vom 14.11.1935 rechtsverbindlich für alle Lebens- und Arbeitsbereiche.

Einmal mit dem »Blutschutzgesetz«:
»Eines der Nürnberger Gesetze war das sogenannte Gesetz zum Schutze des deutschen Blutes und der deutschen Ehre. Es gründete auf der Annahme, dass >die Reinheit des deutschen Blutes die Voraussetzung für den Fortbestand des deutschen Volkes< sei. Nach dem Gesetz war es Juden und Nicht-Juden verboten zu heiraten. Bereits geschlossene Ehen galten als nichtig. Zudem war es ihnen auch untersagt, außereheliche Geschlechtsverkehr zu haben.«
(planet-wissen.de)

Zum anderen mit dem »Reichsbürgergesetz«:
»Das zweite Nürnberger Gesetz war das sogenannte Reichsbürgergesetz. Es regelte die Reichszugehörigkeit im nationalsozialistischen Deutschland. In den dazugehörigen Verordnungen war festgelegt, dass Staatsangehörige jüdischen Glaubens nicht als Reichsbürger gelten konnten. Es war ihnen auch untersagt, zu wählen und ein öffentliches Amt zu bekleiden. Jüdische Beamte hatten mit Ablauf des 31. Januar 1935 in den Ruhestand zu treten.
Nach den Verordnungen zum Reichsbürgergesetz galt als Jude
– wer mindestens drei jüdische Großeltern hatte
– wer zwei jüdische Großeltern hatte und nach dem Erlass des Gesetzes
– jüdischen Glaubens war
– mit einem Juden verheiratet oder ein jüdisches Elternteil hatte.
Die Nazis kontrollierten die Einhaltung der Nürnberger Gesetze streng. Sie bestraften jeden, der seine nicht-jüdische Abstammung nicht beweisen konnte.« (zitiert nach planet-wissen.de)

▲

▷ Ständige Bedrohung

Es ging um das »Blut«, was immer das meint. Meine Mutter war vom ersten Tag ihres Lebens an Protestantin. Ihr ursprünglich jüdischer Vater war ja zum evangelischen Glauben konvertiert, um seine protestantische Frau zu heiraten. Aber nach den Nürnberger Gesetzen war ihr Vater, trotz seiner Taufe, immer noch Jude, und sie war nun nach dem Blut ein »Mischling ersten Grades«, eine Halbjüdin. Als Juden wurden alle eingestuft, egal ob Voll-, Halb- oder Vierteljude. Eine schreckliche Ideologie. Auch ich war nach diesem Nürnberger »Blutschutzgesetz« ein Jude, obwohl ich nach der damaligen Definition nur ein Viertel Anteil jüdisches Blut hatte, wenn man so will. Ich habe diese Klassifikation immer wieder während meiner Schul- und Jugendzeit als echte Gefährdung erlebt.

Mein Vater war zwar nach diesem Gesetz arisch, da unter seinen Vorfahren keine Juden waren. Aber er war nun verbotenerweise mit einer Jüdin verheiratet. Das war immer eine äußerste Bedrohung ihrer Ehe. Einen gewissen Schutz vor Verfolgung meiner Mutter und auch für ihre Schwangerschaft mit meiner Schwester Brigitte bot die Tatsache, dass mein Vater zum Wehrdienst eingezogen wurde und damit Angehöriger der Wehrmacht war. Aufgrund des sogenannten »Reichsbürgergesetzes« verlor mein Vater 1937 seine Stelle an der Kunstgewerbeschule Stettin. Arbeiten von ihm wurden aus Museen entfernt.

Arthur Hanau, mein Onkel, verlor seine Stelle an der Universität Berlin. Meine Tante Elisabeth, Studienrätin in Berlin, wurde schon 1933 aus dem Schuldienst entlassen.

▽

Meine Mutter hat immer wieder gesagt, dass es gut war, dass ihre Eltern noch vor 1933 gestorben sind und die Nazizeit nicht mehr erlebt haben. Ihr Vater Emil Lehmann Hanau war schon 1922 gestorben und ihre Mutter 1930.

DIE EHE MEINER ELTERN

Ich habe bereits erzählt, dass meine Eltern 1925 geheiratet haben. 1925 ist mein Vater an die Kunstgewerbeschule in Stettin gekommen. Ich glaube, die beiden haben sich auf einem Kostümfest kennengelernt. Meine Mutter war eine sehr gut aussehende junge Frau. Mein Vater hat sich sofort in sie verliebt. Er war kein Kind von Traurigkeit. Meine Eltern haben eine glückliche Ehe geführt. Sie wohnten zunächst im Haus der Mutter Martha Lehmann Hanau in Stettin, bevor sie in ihr eigenes Haus in den Wilhelm-Busch-Weg gezogen sind.

▽

Durch die Flucht 1945 kamen sie dann nach Norden in Ostfriesland. Als mein Vater 1946 einen Ruf an die Pädagogische Hochschule nach Alfeld als Professor für Kunsterziehung erhielt, wohnten sie eine Zeit lang in Alfeld. Die pädagogische Hochschule Alfeld wurde später an die Universität Hildesheim verlegt.

▽

Ich konnte dann für meine Eltern in Hildesheim-Himmelsthür ein Haus bauen – mit einem schönen Atelier für meinen Vater. Dort haben sie gelebt, bis mein Vater 1966 gestorben ist. Einige Jahre blieb meine Mutter noch dort wohnen. Dann verkaufte sie das Haus und zog nach Hannover.

GRUNDIERUNG
DER KÜNSTLERISCHEN BEGABUNG

Angeregt durch Nachfragen – auch im Zusammenhang mit der Aufzeichnung meines Lebens hier –, will ich der Spur nachgehen, woher meine künstlerischen Interessen und vielleicht auch Begabungen kommen. Mir ist einiges dazu in den Sinn gekommen.

Meine leibliche Großmutter Martha Schwerdtfeger hat als junge Frau schon aquarelliert. Ihre Aquarelle hingen überall in den Wohnungen und Häusern der Verwandtschaft. Bei ihrer Tochter Toni, Vaters Schwester, zeigte sich ebenfalls eine künstlerische Begabung. Auch sie malte gerne Aquarelle und offensichtlich gute.

Auf die, wie ich finde, außergewöhnlichen künstlerischen Fähigkeiten und Leistungen meines Vaters bin ich bereits eingegangen.

Mein Großvater Reinhold spielte Geige und Klavier. Er war interessanterweise vor 1933 sogar Organist der jüdischen Gemeinde in Köslin. Am Sabbat und an den Feiertagen spielte er die Orgel in der Synagoge, obwohl er kein Jude, sondern Protestant war.

▷ Das Mahlen – Technik und Fertigkeiten

Beide Großeltern stammen ja aus Mühlen. Ich habe mir klargemacht, dass Müller eigentlich vielseitige Handwerker sein mussten. Egal ob als Wind- oder Wassermüller: räumliches Vorstellungsvermögen war nötig, dazu die Fähigkeiten eines Maschinenbauers und Fertigkeiten als Steinmetz. Denn die Mühl- und Mahlsteine wurden selber hergestellt. Sie mussten ständig nachgeschliffen werden.

Hinzu kommen natürlich noch eine besondere Situation und individuelle Dispositionen. Das zeigte sich in dem etwas tragischen Schicksal meines Urgroßvaters, der ja die Wassermühle betrieb, aus der mein Großvater kam. Urgroßvater Schwarz war eigentlich ein Künstlertyp. Ich behaupte, er hatte neben seinen handwerklichen auch ausgeprägte künstlerische Fähigkeiten. Überhaupt muss er eine starke Persönlichkeit gewesen sein, voller Ideen und Phantasie.

Die Schwerdtfegersche Mühle in Zuchen, Hinterpommern

▷ Vom Mühlenrestaurant in die Volkskunst

Ausleben konnte er diese Begabungen eigentlich erst durch ein tragisches Schicksal, das seine Existenz als Müller beendete. Eines Tages hatte er entschieden, nicht mehr länger Wassermüller sein zu wollen, sondern lieber ein Restaurant in der Mühle zu betreiben. Das kam damals in Mode. Da die Mühle in der Nähe von Köslin stand, wären genügend Gäste dagewesen, die gerne mal am Sonntag zum Kaffeetrinken aufs Land kamen. Die sollten in seinem Mühlenrestaurant nicht nur ein schönes Stück Kuchen und Kaffee bekommen, sondern auch ein Bier trinken können. Aber speziell dieser Plan wurde ihm zum Verhängnis. Denn er bekam keine Konzession zum Bierausschank. Dadurch machte er Pleite.

Er zog dann zu seiner Tochter Martha und ihrem Mann Reinhold, also meinen Großeltern. Von da an lebte er in der Lehrerfamilie Schwerdtfeger. Hier konnte er nun allen seinen handwerklichen Fähigkeiten nachgehen, wenn zum Beispiel Fenster erneuert oder irgendwelche Möbel gebaut werden mussten. Und das konnte er ausgezeichnet. Ich hatte ein sehr gutes Verhältnis zur meinem Großvater Reinhold und bin in den Ferien häufig in Köslin gewesen.

▷ Geschnitzte Volkskunst – das Schaukelpferd

Im Haushalt meiner Großeltern konnte er dann seine auch künstlerischen Neigungen ausleben. Für seinen geliebten Enkel Kurt Schwerdtfeger hatte er u. a. einmal ein Schaukelpferd, einen Schimmel, geschnitzt.

Es bekam Haare und Schwanz aus echtem, schwarzem Rosshaar, trug einen Sattel, Steigbügel mit Zaumzeug und befand sich auf einem roten Schaukelgestell. Es hatte wirklich eine so außergewöhnliche gestalterische Qualität, dass später der Leiter des historischen Museums in Stettin es gerne in seine Sammlung aufgenommen hätte, als ein Stück bedeutender Volkskunst. Ich weiß das so genau, weil ich dieses Schaukelpferd von meinem Vater erbte.

▷

Kurt Schwerdtfeger in seinem Atelier in Alfeld/Leine

▷ Künstlerische Gene und Vatermilch

Von den Vorfahren kommen wohl viele der Gene und Fähigkeiten, die meinen Vater und dann auch mich weitergebracht haben: die handwerklichen Fähigkeiten der Müller, ihr räumliches Vorstellungsvermögen, dazu individuelle künstlerische Begabungen meines Großvaters und meiner Großmutter. Mein Vater war musisch sehr vielseitig begabt und stark von der Philosophie und Ästhetik des Bauhauses bestimmt. Ich bekam sozusagen mit der »Vatermilch« die Bauhausideologie eingetrichtert. Sicher hat auch das Talent meiner Mutter mit ihren textilen Fertigkeiten eine große Rolle gespielt.

▷ Die Generationen

Vieles davon setzt sich in meiner Familie fort. Mein Sohn Robin ist, obwohl beruflich Mediziner, ausgebildeter Posaunist – in der Tradition meines Großvaters, der Geige und Klavier spielte. Auch bei meinen Töchtern Anna und Julia zeigt sich die künstlerische Begabung: bei Anna im Zeichnen und Malen sowie bei ihrem Beruf als Kunsttherapeutin; und bei Julia – sie ist auch Ärztin – in der Musik, sie hat Geige gespielt, und ebenfalls beim Malen von Bildern. So könnte ich lange Linien durch die Generationen ziehen von den Großeltern über die Kinder bis hin zu meinen Enkelkindern.

STEFAN SCHWERDTFEGER – EIN SELBSTPORTRAIT

 Das erste Lebenslicht

Ich wurde zur Sommersonnenwende am 21. Juni 1928 mittags um zwölf Uhr in Stettin geboren. Mein Vater war Kurt Schwerdtfeger und meine Mutter Hildegard geb. Hanau. 1927 im September machten meine Eltern Urlaub auf der Insel Rab. Bei der Gelegenheit muss ich wohl gezeugt worden sein. Denn als sie auf der Rückreise Wien besuchten, war meine Mutter schon schwanger oder zumindest gab es erste Anzeichen. Dort vor dem Stephansdom kam ihr nämlich die Erleuchtung: »Wenn es ein Junge wird, dann soll er Stefan heißen.«

▽

Nach ihrer Heirat 1925 wohnten meine Eltern ja zunächst in der Wohnung meiner Großeltern mütterlicherseits, der Hanaus, in der Deutschen Straße 20 in Stettin. Meine Mutter hatte – Gott sei Dank – die Geburt gut überstanden. Aber sie bekam eine Brustentzündung und lag ein viertel Jahr lang im Krankenhaus. Ihre Mutter, meine Großmutter Martha Hanau geb. Schütte, hat mich deshalb das erste viertel Jahr versorgt und das gerne gemacht. Sie war eine sehr kinderliebe Frau, die selbst sechs Kinder großgezogen hatte. Sie wurde deswegen von der gesamten Familie geliebt und geschätzt.

Ihre Kinderliebe rührte vielleicht daher, dass sie selbst früh Waise wurde. Man weiß ja heute, wie prägend das erste viertel Jahr auf der Welt ist. Insofern habe ich immer noch etwas von meiner Großmutter in mir.

▷

Die Großmutter Martha Hanau mit dem kleinen Stefan

▷ Die blaue Grotte

Die Wohnung – eher das Zimmer meiner Eltern – befand sich also in dieser 14-Zimmer-Belletage-Wohnung mit ihrem hochherrschaftlichen Milieu und Ambiente der Hanaus in der Deutschen Straße 20 (Haltestelle der Straßenbahn zu meiner späteren Kaiser-Wilhelm-Oberschule). In dem Haushalt lebten damals außerdem die Geschwister meiner Mutter. Der Raum, in dem meine Eltern lebten, auch bevor ich auf die Welt kam, hatte wunderbare Mahagonimöbel, Betten und Schränke. Sie wurden später auch in unserem eigenen Haus im Wilhelm-Busch-Weg als Elternschlafzimmer weiter genutzt.

▽

Mein Vater war ja Bauhäusler und sehr modern eingestellt. Er entschied: »In diesem spießigen Zimmer kann ich nicht schlafen. Das muss verändert werden!« Er hatte die verrückte Idee, alles müsse blau sein. Also hat er von der Decke bis zum Fußboden inklusive der Fensterscheiben alles blau gestrichen, so dass ständig ein bläuliches Licht dieses Zimmer zu einer blauen Grotte werden ließ. Mit »Blauer Grotte« war damit die Bezeichnung der Familie für dieses Zimmer gefunden. In diese Blaue Grotte bin ich hineingeboren. Vielleicht begeistert mich deshalb die Farbe Blau bis heute. Das war schon in meinen Kinderbildern so.

DAS ELTERNHAUS

▷ **Aus der Blauen Grotte in den Wilhelm-Busch-Weg**

Und dann war ich auf der Welt. Meine Großmutter, die liebe Martha, sagte zu meinen Eltern: »Mit euren Wohnverhältnissen geht das so nicht weiter.« Ihr Mann, mein Großvater Emil Lehmann Hanau – aus der Dynastie der Bankiersfamilie Hanau – hatte mit achtzehn Jahren so viel Geld geerbt, dass er eigentlich sorglos davon leben konnte. Er hätte nicht zu arbeiten brauchen. Trotzdem hat er Jura studiert, lebte von seinem Beamtengehalt und war ein sparsamer Mensch.

Zusätzlich hat Arthur Hanau, der Bruder meiner Mutter, mein Patenonkel, der sich immer schon für Ökonomie interessierte, erfolgreich versucht, das stattliche Vermögen für die Familie und die Kinder anteilmäßig über die schwierige Zeit zu bringen. Wenn man an die Weltwirtschaftskrise und den großen Börsencrash 1929 denkt, war das nicht selbstverständlich.

Es war so viel Vermögen da, dass 1929 von dem Geld ein Reihenhaus in Stettin Westend auf Ackermanns Höhe gekauft werden konnte. Ein sogenanntes Gagfah-Haus von der gleichnamigen Wohnungsbaugesellschaft.

Da bin ich groß geworden. Im Wilhelm-Busch-Weg 42. Und wie das Leben so spielt: Seit vielen Jahrzehnten wohne ich hier in Hannover fast mit Blick auf das Wilhelm-Busch-Museum.

Mutter Hildegard mit Stefan, 1929

▷

Elternhaus in Stettin, Wilhelm-Busch-Weg 42

Stefan, 1931

Stefan, Winter 1936

▷ **Mein Zuhause**

Mein Elternhaus fand ich groß. Ich hatte mein eigenes Zimmer, meine Eltern hatten ihr Elternschlafzimmer, es gab das sogenannte Mädchenzimmer, das Zimmer des Dienstmädchens im 1. Stock. Dort lagen auch die Schlafzimmer und das Badezimmer. Im Erdgeschoss befanden sich Wohnzimmer, Esszimmer und Küche. Das Schöne war, dass das Haus auf der Westseite auch einen Garten hatte. Er wurde von meiner Mutter gepflegt, die auch den Obst- und Gemüsegarten versorgte. Gegenüber lag die Volksschule im Osten. Morgens kam von dort die Sonne ins Haus, der Garten war im Westen, so dass man nachmittags da draußen sitzen konnte.

In jedem Zimmer war eine Kachelofenheizung. Stettin hat Kontinentalklima, und es gab wirklich kalten Wind, vor allem aus Osten. Bei strengem Frost wurden Filzdecken halb vor die Fenster und die Brüstung gehängt. Aber so, dass oben noch ein wenig Licht ins Haus kam. Auch in den Hauseingang, da war kein Windfang, wurde eine Decke gehängt. Die musste jedes Mal zur Seite geschoben werden, wenn jemand kam. Der Winter war schon sehr spürbar, anders als heute, wo sich das Klima ändert. Damals gab es richtig harte Winter mit viel Schnee. Ich war ein begeisterter Skiläufer.

▽

1938 musste das Haus umgebaut werden. Da sich mein Vater nach den Nürnberger Gesetzen mit meiner Mutter, die einer jüdischen Familie entstammte, in einer sogenannten Mischehe befand, wurde er 1937 fristlos aus seinem Dienstverhältnis an der Kunstgewerbeschule Stettin entlassen. Deshalb wurde unser Haus im Erdgeschoss umgebaut: Küche und Wohnraum wurden Atelier, im 1. Stock wurde das Mädchenzimmer die neue Küche und mein Zimmer zusätzlich Esszimmer.

▷

▷ Die »abstechenden Ohren«

In dem neuen Esszimmer bekam ich den Platz am Esstisch vor dem Fenster. Gegenüber saß meine Mutter. Die Sonne beschien mich also immer von hinten und ließ meine Ohren rot und durchscheinend glühen. Das muss meine Mutter furchtbar gestört haben, denn für sie hatte ich abstehende Ohren. Und so begann sie, mich immer wieder vor den Spiegel zu führen, mir die Ohren anzulegen: »Guck mal Stefan, sieht das nicht besser aus?« Meine »abstechenden Ohren«, wie ich sie nannte, wurden eine Zeitlang fast eine Obsession von ihr. Sie dachte an eine Operation, in der meine Ohren angelegt werden sollten. Oder vielleicht könnten ja längere Haare meine abstehenden Ohren kaschieren. Aber das war bei der damals üblichen Oberkopffrisur und rasierten Seiten überhaupt nicht denkbar. Also blieb nichts anderes übrig: Ich bekam einen anderen Platz, und das Tageslicht konnte nicht mehr durch meine Ohren scheinen.

▷ Zwischen Bauhausmöbeln und Schaukelpferd

Meine Spielsachen waren die Bauhausmöbel und die Stahlmöbel von Marcel Breuer, einem Bauhausfreund meines Vaters. Dann der Ankersteinbaukasten und die elektrische Nähmaschine meiner Mutter, die ich gerne in Betrieb setzte.

Und das Schaukelpferd, das mein Urgroßvater Schwarz selber gebaut und geschnitzt hat für seinen Enkel Kurt. Ein Schimmel mit einer Mähne und einem schwarzen Schwanz aus echtem Rosshaar, Sattel, Steigbügel und Zaumzeug, montiert auf einem roten Schaukelgestell. Geerbt habe ich es von meinem Vater. Es war mein liebstes Spielzeug. Stundenlang habe ich da drauf gesessen und gewippt.

▷ Lederhose

Ich hatte natürlich eine Lederhose, ohne Lederhose war man ja kein Mensch. Es war das Standardmodell mit Hosenträgern und der Hosenklappe vorne. Dazu im Sommer ein kurzärmliges Hemd und im Winter Pullover und lange Strümpfe. Ein Bleyleanzug mit Leibchen als Strumpfhalter, an denen die Strümpfe festgemacht wurden. Das war so was Furchtbares! Ich habe das gehasst. Das erste, was man also machte, wenn man das Haus verlassen hatte: Man knöpfte die Strümpfe ab, rollte sie runter und ging so mit aufgerollten Strümpfen und Halbschuhen durch die Gegend.

Froh waren wir, wenn der Frühling kam und wir endlich die Kniestrümpfe anziehen konnten, im Sommer Söckchen. Bei mir kam allerdings dazu, dass großen Wert auf lange Strümpfe gelegt wurde aus Sorge um eine neue Nierenentzündung. Deshalb sollte ich mich immer warm halten. Ich bin viel draußen gewesen. Auf unserer Straße war kaum Verkehr, und man konnte prima auf der Straße spielen.

Stefan, 1935

39

▷ Geschäfte an der Haustür

Immer wieder zog ein Lumpensammler durch unsere Straße. Er kaufte Lumpen nach Gewicht. Mit seiner Handwaage betrat er das Haus, wog die Menge ab und zahlte das Geld aus. Er war Alkoholiker und setzte sich gerne in unserem Haus auf die Treppe im Flur und schlief ein. Es war gar nicht leicht, ihn wieder loszuwerden. Der Milchmann ging mit einer großen Milchkanne auf einem Bollerwagen durch die Straße. Vor jedem Haus füllte er dann die kleinen Kannen. Später kam die Vorzugsmilch in Flaschen vom Gut der Doorns aus Höhendorf.

▽

Einmal in der Woche kam der Fischhändler mit seinem Fischwagen, gezogen von einem mageren Gaul. Er meldete sich lautstark mit dem Ruf, den ich heute noch im Ohr habe: »Kabeljau! Kabeljau!«

Eines Tages stürzte sein Pferd, direkt vor unserem Haus. Es musste getötet werden. Meinem Vater tat das so leid, dass er dem Fischhändler ein neues Pferd kaufen wollte. Meine Mutter musste das energisch verhindern. Eine Woche später war der Fischhändler wieder da – mit einem schmucken jungen Pferd und bot wieder mit dem bekannten Ruf seinen Kabeljau an.

▷ Kolonialwarenladen

Er roch immer nach eingelegten sauren Gurken – das Fass stand neben der Ladentür – und nach Hering – das Fass mit Matjes stand direkt daneben. Hier gab es alles, was man brauchte: Konserven, Mehl, Zucker, Wurst und Käse hinter einer Glasscheibe, und es gab Kuchen – der nicht hinter Glas war.

Einmal drängelte ich mich vor zu den Torten und piekste kräftig mit dem Zeigefinger in verschiedene Torten. Meiner Mutter blieb nichts anderes übrig, als alle diese Stücke zu kaufen. Im Keller dieses Ladens befand sich damals schon eine elektrische Wäschemangel. Ein wunderbarer Ort für mich und ein nicht ganz ungefährliches Spielzeug, das ich liebte.

▷ Fahrrad und Luftgewehr

Zeitlich gehört das eigentlich in eine spätere Zeit, aber ich will es jetzt schon erzählen. Ich kriegte zu Weihnachten die Standard-Geschenke, die man bekommt, wenn man ein bestimmtes Alter erreicht hat. Dazu gehörte ein Fahrrad, als ich aufs Gymnasium kam. Damit bin ich mit meinen Freunden immer, wenn die Witterung es erlaubte, in die Stadt zur König-Wilhelm-Schule gefahren.

▽

Das wichtigste Spielzeug aber war ein Luftgewehr, das ich mit etwa zwölf Jahren bekam. Ich wundere mich heute noch, dass meine Eltern mir so etwas geschenkt haben. Aber das war damals üblich. Als Junge musste man das haben. Ich nahm es in die Hand, guckte einmal durch den Lauf und dachte: »Schade, hat ja keinen gezogenen Lauf!« Denn es bedeutete, dass die kleinen Bleikugeln, die als Munition benutzt wurden, nicht die Durchschlagskraft hatten, die man zum richtigen Jagen brauchte. Zum besseren Verständnis muss man Folgendes wissen: Alle meine Freunde hatten ein Luftgewehr. Die Folge war, dass wir zwei Parteien bildeten und Krieg spielten. Es war ja mitten im Krieg. Wir bauten uns Schützengräben und haben uns gegenseitig richtig beschossen. Die Wirkung meines Gewehrs war recht gering, weil die Kugel ja nicht aus einem gezogenen Lauf stammte. Aber mein Freund hatte so ein Gewehr mit gezogenem Lauf. Damit hat er einem anderen eine richtige Verwundung verpasst. Greschog hieß das Opfer. Ich kenne seinen Vornamen nicht mehr. Wir nannten uns sowieso meistens nur mit Nachnamen. Vornamen waren uninteressant.

▽

Greschogs Vater war Polizist. Die Kugel saß bei Greschog in der rechten Hand unterhalb der Haut. Man konnte sie sehen und fühlen, sie war richtig eingedrungen. Er hat furchtbar rumgeschrien: »Nimm das Messer, nimm die Kugel raus, mein Vater schlägt mich tot, wenn er das sieht!« Ihm war jeder Schmerz recht, nur um diese Kugel zu entfernen. Ich glaube, das war unser letztes Krieg-Spielen.

▷

▷ Der Spatz in der Pfanne

Stattdessen schossen wir jetzt auf Spatzen. Dafür reichte gerade eben die Durchschlagskraft meines Luftgewehrs. Bei uns im Garten gab es sehr viele Vögel: Mein Kinderzimmer war nach Westen ausgerichtet. Da befand sich auch der Garten. Und dort flatterten viele Spatzen, die wir nun erlegen wollten. Damals hatte ich immer riesigen Hunger. Ich erinnere mich, wie ich einmal einen geschossenen Spatzen gerupft habe. Die Pfanne hatte ich auch schon in der Hand, um mir den gebratenen Spatz einzuverleiben. Da erschien zufällig meine Mutter in der Küche, sah das und sagte: »Sofort wird das weggeschmissen. Die haben Tuberkulose, das darfst du nicht machen!« Also weg damit.

▷ Kochkiste

Kochen habe ich schon als kleiner Junge geliebt. Mein erfolgreichstes Rezept zum Beispiel war ein Omelettsoufflé. Ach ja, und dann meine Lieblingsgerichte: Pfannkuchen, Kartoffelpuffer, Milchreis und Linsensuppe. Mir läuft jetzt noch das Wasser im Munde zusammen.

Ich schaute meiner Mutter auch gerne in der Küche zu. Damals war mein Berufswunsch nämlich Koch. Meine Mutter schneiderte mir dazu die passende Berufskleidung mit Kochmütze. Das wurde dann später meine Standardbekleidung bei Kostümfesten.

Übrigens gehörte damals zu jedem Haushalt eine »Kochkiste«. Eine Kiste, die in der Mitte eine Aussparung hatte für einen Kochtopf und ringsherum mit Isoliermaterial, wahrscheinlich Sägespänen und Lumpen, ausgekleidet war. Dort wurden die noch nicht garen Speisen hineingestellt und garten fertig. Wozu die Kochkiste? Vielleicht um Energie zu sparen, schonender zu kochen, den Geschmack von Gemüse zu erhalten oder das Fleisch langsam auf den Punkt zu bringen? Ich weiß es nicht. Aber vor allem der Milchreis aus der Kochkiste schmeckte besonders gut.

Stefan als Koch, Fasching 1935

▷

▷ »Heil du ihn man!«

In unserer Nachbarschaft wohnten Eggerts. Anni Eggert war eine patente Frau aus dem Volke. Ich sehe sie heute noch vor ihrer Haustür stehen. Auch ich stand gerne vor unserer Haustür. Man musste ein paar Treppenstufen hochgehen, um ins Haus zu kommen.

In dem Mietshaus schräg gegenüber wohnte ein Mann, ein berufsmäßiger Nazi. Er war Angestellter bei der Ortsgruppe, trug immer seine braune Uniform mit goldenen Tressen. »Goldfasan« wurden die Männer mit diesen Uniformen heimlich genannt. Wenn er vorbeiging, sagte er: »Heil Hitler, Frau Eggert!«

Sie hat dann den Arm gehoben und leise geantwortet: »Heil du ihn man!« Sie war in Ordnung. Eigentlich waren die anderen Nachbarn auch in Ordnung. Allerdings hatten wir keine weitergehenden Beziehungen zu den Nachbarn. Meine Mutter lebte zurückgezogen und war vor allem im Garten tätig.

FERIEN- UND URLAUBSBILDER

Cousine Lore und Stefan als Brautpaar in Schöntal, 1933

▷

▷ **»Pferde reden nicht!«**

Natürlich kommen auch immer wieder Ferien und Urlaubserinnerungen hoch. Ich sehe mich mit meinen Eltern am Ostseestrand bei Neuwasser. Gewohnt haben wir in Fischerhäusern hinter dem Strand. Im Sommer haben sich Fischer ein Zubrot verdient, indem sie ihre Häuser an Feriengäste vermietet haben und selbst irgendwo wohnten. Denn Hotels und Pensionen gab es noch nicht. Wir waren stolz, wenn die Fischer uns Kinder bei Regatten auf ihren Kuttern mitnahmen. Aber der Weg vom Haus zum Strand war lang. Er führte durch einen Kiefernwald und war langweilig für mich. Da hatten meine Eltern die Idee, dass ich die Gürtel ihrer Bademäntel wie Zügel in meine Hände nehme und sie meine Pferde waren. Als die beiden vorne sich unterhielten, rief ich von hinten: »Pferde reden nicht!«

▷ **Das junge Brautpaar**

Wir fuhren sehr gerne nach Schöntal an der Jagst zu Onkel Karl und Tante Nora. Karl Endres war Landarzt und hatte seine Praxis und seine Wohnung in der ehemaligen Zisterzienserabtei Schöntal. Ich liebte Onkel Karl, und er mochte mich. Ich durfte ihn auf die Jagd begleiten und denke noch an die hängenden Rehböcke in seinem Keller. Er war mein großes Vorbild. Arzt und Jäger bin ich trotzdem nicht geworden, das trifft aber beides auf meinen Sohn Robin zu. Bis heute trage ich eine Narbe am Knie als Erinnerung an diese Ferienzeit dort. Das Knie hatte ich auf Steinen an der Jagst aufgeschlagen, und es musste von Onkel Karl geklammert werden. Diese Klammer behielt ich als Trophäe.

Bei meinem ersten Besuch in Schöntal 1933 hatten sich mein Vetter Karl und meine Cousine Evemi ausgedacht, mich mit meiner Cousine Lore zu verheiraten. Wir beide wurden als Bräutigam und Braut verkleidet und zogen an der Spitze einer Prozession in die Zisterzienserkirche zur gespielten Trauung.

Patientenbesuche mit Onkel Karl

In späteren Jahren nahm Onkel Karl mich gerne mit zu seinen ärztlichen Hausbesuchen. Da schon damals mein Berufswunsch Mediziner war, durfte ich auch bei den Untersuchungen dabei sein. Die Fahrten gingen von Bauernhof zu Bauernhof. Die kranken Kinder wurden daheim von den Großmüttern versorgt, während die übrigen Familienmitglieder auf den Feldern beschäftigt waren.

▽

Ich erinnere mich an eine Geschichte. Eine kleine Patientin hatte Halsschmerzen und war partout nicht bereit, ihren Mund zu öffnen. Es half kein liebevolles Zureden. Sie hatte große Angst vor dem Doktor. Schließlich wurde es der Oma zu bunt, und sie schnauzte ihre Enkelin an: »Mach's Maul auf!«, und das funktionierte.

 Friedhof und »Sonnenzimmer«

Ich denke an meine Spaziergänge über den Friedhof in Köslin mit Opa Reinhold. Er besuchte dort immer das Grab seiner früh verstorbenen ersten Frau und hatte daneben schon sein eigenes Grab reserviert. Besonders genoss ich die langen Abende bei ihm. Zu Hause musste ich immer nach dem Abendbrot ins Bett. Bei Opa Reinhold durfte ich aufbleiben, solange ich wollte.

▽

Dann immer wieder die Besuche bei der bewunderten Tante Elisabeth Hanau in Seefeld bei Stargard auf dem Gut der Gräfin Maria von Bredow. Sie war dort angestellt als Gärtnerin. Eigentlich war Elisabeth ja Studienrätin an einer Reformschule in Berlin. Als sogenannte »Halbjüdin« ist sie schon 1933 entlassen worden und hatte dort Zuflucht gefunden. Gräfin Bredow hatte noch eine andere Jüdin, Eva Bodek, aufgenommen und sie in der Verwaltung angestellt.

Einmal fragten mich Arbeiter im Kuhstall: »Stimmt das, dass da eine Jüdin im Büro arbeitet?« »Nein«, habe ich gesagt, »das stimmt nicht!« Ich wusste schon, was eine andere Antwort bedeutet hätte.

Auf dem Gut herrschte ein Ambiente mit hochherrschaftlicher Tafel. Im Garten war ein »Sonnenzimmer« eingerichtet, ein Platz, von einer hohen Hecke umgeben, wo meine Tante oder die Gräfin nackt sonnenbadeten. Tante Elisabeth hatte ihre Wohnung über den Stallungen. Ich habe in den Ställen und Scheunen gespielt, auf dem Feld geholfen. Und Reiten gelernt. Berta war das frommste Pferd im Stall. Aber spätestens nach zwei Kilometern kehrte es eigenmächtig um und galoppierte direkt in die Box. Man musste jedes Mal aufpassen, rechtzeitig den Kopf einzuziehen.

▷ **Als »großer« Vetter in Berlin**
Quasi als Kontrast zu diesen ländlichen Idyllen liebte ich die Aufenthalte in Berlin bei Onkel Arthur und den beiden Vettern Klaus und Peter im Ithweg (Zehlendorf): das U-Bahnfahren, die Museen und die Besuche im Zoo.

Schwierig war nur, dass vor meiner Ankunft den Freunden meiner Vettern mit meiner Ankunft gedroht wurde: »Bald kommt Stefan. Wenn ihr nicht pariert, verhaut er euch!« Was ich nie gemacht habe.

Stefan, 1936

KINDERKRANKHEITEN

▷ **Die heilende Hand des Vaters**

Ich war häufiger mal krank. Mein Vater war immer sehr besorgt und hatte eine telepathische Begabung. Wenn er in einer solchen Situation nach Hause kam, fragte er als erstes: »Wie geht's dem Jungen?« Dann ist er nach oben gekommen, ich hatte ja im Obergeschoss mein Zimmer, kam zu mir rein und sagte: »Na, Jungchen, wie geht's denn?« »Ich hab so Bauch-weh!« »Warte, ich lege meine Hand auf deinen Bauch, und dann wird es besser werden!« Er hat seine kräftige Hand auf meinen Bauch gelegt und die Schmerzen sozusagen rausgezogen.

Stefan und sein Vater Kurt in Neuwasser an der Ostsee

▷

▷ Mutters Wickel

Meine Mutter war nicht der Schulmedizin verpflichtet, sondern der Naturheilkunde. Das wurde in den 1920er Jahren modern. Sie hat eigentlich alle meine Krankheiten, die ich als Kind hatte – Mandelentzündung, Bronchitis usw. – zunächst mit Wickeln behandelt. Bei Fieber sind Wadenwickel ja bis heute noch üblich. Sie allerdings machte bei meinem Fieber einen Totalwickel. Vom Kinn bis zu den Fußspitzen wurde ich in ein Laken eingepackt. Ich musste mich dazu auf ein kaltes Laken legen und wurde darin eingewickelt mit einer Wolldecke drumherum. So eingepackt, dass nur noch meine Nasenspitze zum Vorschein kam, musste ich schwitzen. Jede halbe Stunde guckte meine Mutter, ob sich Schweißperlen auf meiner Oberlippe gebildet hatten. Wenn ja, war die Prozedur zur Ende. Dann ging es in die Badewanne, ich wurde dort mit lauwarmem Wasser abgeduscht und durfte mich dann wieder hinlegen. Es hat geholfen. Husten wurde mit einem Brustwickel und Halsentzündung mit einem Halswickel bekämpft.

Um Krankheiten vorzubeugen, besonders im Winter, musste ich jeden Tag einen Löffel Lebertran schlucken. Zum Glück gab mir meine Mutter Sanostol, das schmeckte süß und hatte nicht den schrecklichen tranigen Geschmack.

▷ Nierenentzündung

Leider hat es später bei einer Halsentzündung mit dem Halswickel nicht funktioniert. 1937 bekam ich durch eine nicht richtig behandelte Angina eine Nierenentzündung. Die Therapie übernahm dann unser Hausarzt Dr. Ramlow. Er verordnete Pyramidon und absolute Bettruhe. Das brachte insofern gewisse Probleme, weil ich die Bettruhe auf Dauer nicht einhalten wollte. Einer meiner Besucher meinte nämlich: »Wenn du ein halbes Jahr im Bett liegst, dann kannst du später nicht mehr gehen. Deine Muskeln werden ganz schnell verschwinden.« Das hat mich doch ziemlich aufgeregt.

Also bin ich immer aufgestanden und habe meine Muskeln trainiert. Für die Laborergebnisse meiner Eiweißwerte war das nicht gut. Man wunderte sich darüber. Nach fünf Monaten hausärztlicher Behandlung kamen meine Eltern schließlich auf die Idee, einen Facharzt zu konsultieren.

Das geschah. Im Wechsel mit einem Ruhetag verordnete er einen Obsttag. Also jeden zweiten Tag nur ein Stück Obst. Ich durfte mir aussuchen Apfel, Banane, was auch immer, aber jeweils nur ein Stück. Das hat mich natürlich genervt. Aber ich merkte, dass es half. Auf diese Weise bin ich die Nierenentzündung losgeworden. Diese Nierenentzündung sollte später für mich noch eine große Rolle spielen.

▷ Kinderarzt Dr. Freund

Mein Kinderarzt Dr. Freund, ein sehr guter Name für einen Kinderarzt, kam immer zu uns nach Hause. Ich bin nie in dessen Kinderarztpraxis gewesen. Für seine Krankenbesuche waren bestimmte Vorbereitungen notwendig: Es musste eine Schüssel bereitstehen zusammen mit einem Wasserkrug, Seife und einem frischen Handtuch. Das Erste, was er machte: Er wusch sich die Hände und stellte sich, weil die Kinderkrankheiten meistens im Winter kamen oder im beginnenden Frühling, an den grünen Kachelofen. Hier wärmte er sich die Hände, bevor er mich untersuchte. Ein ganz lieber Mensch und offensichtlich kluger Arzt, den ich sehr liebte. Er war Jude, durfte nach 1933 nicht mehr praktizieren. Leider ist der liebe Doktor Freund in der Nazizeit irgendwo umgekommen oder hoffentlich ausgewandert. Ich habe nie wieder etwas von ihm gehört.

▷ Luftveränderung

Dr. Freund hat die zwei wichtigsten Eingriffe vorgenommen, an die ich mich erinnere. Bei einer Mittelohrentzündung, die wirklich schmerzhaft war, hat er das Trommelfeld aufgepiekst, damit der Eiter rausfließen konnte. Auch das wurde zu Hause in meinem Bett gemacht. Die andere hing mit meinem Kinder-Asthma zusammen, das ich von Anfang an hatte und das sich über mehrere Jahre hinzog. 1932 entschied er schließlich: »Der Junge muss eine Luftveränderung haben, mindestens von einem viertel Jahr!«, und schlug ein Anthroposophisches Kinderheim am Schliersee in Bayern vor.

51

Ich war damals vier Jahre alt und zum ersten Mal für so lange Zeit von Zuhause getrennt. Besuch von Zuhause war nicht erlaubt. Das war sehr prägend! In jeder Beziehung. Was Erziehung oder was Betreuung anbelangte.

Es gab eine Pflegerin oder eine Kinderschwester Hanna Motsch. Die war übel. Da kriegte man oft mal eine Backpfeife. Schön war aber, dass auch Theater gespielt wurde, z. B. ein Stück von Shakespeare. Welches, weiß ich nicht mehr. In diesem Theaterstück war ich die Wand. Wie stellt man eine Wand dar? Mit einem großen, dunklen Tuch. Dann gab es natürlich Wanderungen in die Umgebung mit viel Gesang, »Der mächtigste König im Luft-Revier« und vielen anderen Wanderliedern. Ganz zum Schluss bekam ich doch Besuch von meinem Onkel Arthur, dem Bruder meiner Mutter, mit seiner Frau.

Noch heute sehe ich mich nackend rudernd mit ihnen in einem Boot auf dem Schliersee. Davon gibt es auch ein Foto. Ich wurde dann geheilt nach Stettin entlassen und habe nie wieder Asthma oder irgendetwas Derartiges bekommen.

Onkel Arthur und Stefan beim Ruderausflug auf dem Schliersee 1932

VOLKSSCHULE

Flachrelief von Kurt Schwerdtfeger am Haupteingang der Wilhelm-Busch-Schule, Stettin

▷ Das Relief der Freunde

1934 bin ich in die Volksschule Wilhelm-Busch-Schule eingeschult worden. Die Schule lag direkt gegenüber von unserem Wohnhaus. Das hatte u. a. den Vorteil, dass ich nie ein Butterbrot für die großen Pausen brauchte. Ich ging kurz nach Hause, um dort zu frühstücken. Die Schule hatte einen Alt-bau und einen Neubau. Meine Klasse war zunächst im Altbau, später war ich auch im Neubau. Mein Vater hatte den Auftrag bekommen, für den Ein-gangsbereich rechts und links ein Relief anzufertigen. Er hatte die wunder-bare Idee, dass er mich und alle meine Spielkameraden und Freundinnen dort verewigte. Die Jungs auf der einen Seite, die Mädchen auf der ande-ren Seite der Tür. Auf diesem Relief gucke ich mit meinem Freund Klaus Luckenbach gemeinsam in ein Buch. Wir lesen. Andere sind mit anderen Beschäftigungen dargestellt. Das war sehr witzig von ihm gedacht und hat gut funktioniert. Alle haben sich wiedererkannt. Das war seine großartige künstlerische Fähigkeit und ein Beweis seiner charakteristischen Art von Kunst. Dieses Relief gibt es immer noch. Ich habe es bei einem Besuch in Stettin 1972 wiedergesehen. Alles ist heil geblieben. Nur bei einem war die Nase ab, aber im Prinzip ist es in Ordnung.

▷

▷ Der erste Tornister (Schultornister) und Braune Fibel

Wichtiger als die Schultüte war der Tornister. Denn mit diesem Tornister wurde sichtbar, dass man nun Schulkind war. Im Tornister hatten wir eine Schiefertafel, Schwämmchen und Griffel zum Schreiben. Unangenehm waren die Geräusche. Das Kratzen des Griffels auf der Schiefertafel war schon eine Qual. Aber ich ertrug es, weil ich doch gerne Schreiben, Rechnen und Lesen lernen wollte. Außerdem hatten wir im Ranzen eine Fibel. Die nannte sich interessanterweise »Braune Fibel«. Es war schon eine Nazi-Fibel. Indoktrination fand bereits damals über die Fibel statt, und man wurde früh zum kleinen Nazi erzogen. Jedes Mal, wenn der Lehrer die Klasse betrat, mussten wir aufstehen und strammstehen. Er begrüßte die Klasse mit »Heil Hitler!«, und wir hatten zu antworten: »Heil Hitler, Herr Damerow oder Herr Beckmann!«. Das waren zwei meiner Lehrer, die ich in der Volksschule hatte.

▷ Der Aufpasser und blaue Striemen

Als ich einmal in einer großen Pause nach Hause ging, um dort zu frühstücken, habe ich die roten Striemen am Hintern gezeigt, die von dem Rohrstock des Lehrers herrührten. Es wurde viel bestraft, und das mit System. Der Klassenlehrer bestellte einen Schüler als »Aufpasser«, meistens den größten und unangenehmsten Typen. Der musste dafür sorgen, dass die Klasse ruhig war, wenn der Lehrer nicht anwesend war. Der Aufpasser hatte das Recht, einen »rauszustellen«, so nannte man das. Der arme Sünder musste sich unter die Rechenmaschine setzen auf den Querbalken darunter. Manchmal saßen dort drei oder vier Schüler. Wenn der Lehrer zurückkam, fragte er nicht lange, sondern versohlte jedem erstmal anständig den Hosenboden. Meine Eltern müssen entsetzt gewesen sein.

Bei diesen Schlägen half auch die Lederhose nichts. Die musste runter. Denn der Lehrer wusste ja, dass es nichts bringt, wenn er auf die Lederhose prügelt. Bei den Mädchen ging das auch nicht sehr human vor sich. Die kriegten die Schläge auf die Hand, was ich noch gemeiner finde.

▷▷

Mit einem Schüler als Aufpasser in Vertretung des Lehrers war natürlich ein gewisses Spitzelsystem verbunden. Außerdem nutzte der auch schamlos seine Position aus und ließ sich bestechen: mal ein kleines Auto, ein Modellauto oder sonst irgendetwas. Das Ganze war eine widerliche Einrichtung, in jeder Weise unpädagogisch und unmöglich.

Arne Krüger und Stefan im Garten im Wilhelm-Busch-Weg, 1937

▷

LEBEN IM DRITTEN REICH

▷ **Alltägliche Bedrohung und unverhoffte Bewahrung**

Das gesamte Leben war durch die Nazis bestimmt. Das ging so weit, dass auch an Feiertagen irgendwelche Versammlungen angesetzt waren. Man musste dahin. Dann die ständigen sogenannten »Dienste«. Wir wurden schon mit zehn Jahren vormilitärisch ausgebildet: mit »Strammstehen!«, »Richt' euch!«, »Augen geradeaus!«. Befehle wurden absolut befolgt, Befehlsverweigerung gab es nicht. Auch in der Schule und bei einigen unserer Lehrer war das so. Die guten Lehrer – das ist mein Eindruck – wurden im Krieg gleich als Soldaten einberufen. Dafür kamen dann längst pensionierte Lehrer. Die waren noch vom alten Schrot und Korn. Schule war furchtbar – auch wegen der vielen schlechten Lehrer. Und ich wurde ein noch schlechterer Schüler, weil ich einfach total unmotiviert war für die Schule.

▷ **Nierenentzündung als »Arier-Nachweis«**

1938 haben meine Eltern mich aufgeklärt über unsere besondere Situation durch Mutters Vater Emil Lehmann Hanau und ihre jüdischen Vorfahren Hanau. Ich war nun wohl alt genug, um zu ermessen, was das bedeutet. Nach dem sogenannten »Nürnberger Blutschutzgesetz« war ich ja ein Jude zweiten Grades oder ein Vierteljude. Dieses Gesetz schwebte wie ein Damoklesschwert über unserer Familie. Ich spürte das auch sehr direkt. War dadurch also »out-group«, würde man heute sagen. Aber gleichzeitig wollte ich auch dazugehören, »in-group« mit meinen Klassenkameraden und Freunden sein. Alle meine Freunde waren in der Hitlerjugend (HJ), d. h. in der Jugendorganisation »Jungvolk« für die Zehn- bis Vierzehnjährigen. Eigentlich war es also unmöglich, dass ich in die HJ als einer Gliederung der NSDAP aufgenommen würde.

▷▷

Und nun kommt meine Nierenentzündung ins Spiel. Sie hat den notwendigen Arier-Nachweis ersetzt und war damit hilfreich für mein weiteres Leben, kann man sagen. Es war nämlich so, dass ein Lehrer in die Klasse kam und sagte »Jetzt bitte aufstehen, wer nicht im Jungvolk ist«. Jungvolk ist die Organisation der HJ. Ich stand als einziger auf. »Warum bist du nicht im Jungvolk?« »Weil ich eine Nierenentzündung hatte, deswegen kann ich keinen Dienst mitmachen«, habe ich mich erstmal rausgeredet. Darauf er: »Ich glaube, das ist alles Unsinn. Du gehst jetzt zu dem HJ-Gebietsarzt und stellst dich da vor! Und wenn der sagt, du sollst Dienst machen, dann machst du das!« Ich bin dann um 13 Uhr zu dem HJ-Arzt hin. Habe Männchen gemacht und statt Guten Tag: »Heil Hitler, ich soll mich hier melden. Ich hatte eine Nierenentzündung, möchte aber gerne zum Jungvolk und Dienst machen.« Der Arzt fragte natürlich »Wie lange ist das her?« »Zwei Jahre.« »Das ist alles Unsinn. Du gehst am Sonnabend zum Fähnlein 18 mit dem Namen Florian Geyer und meldest dich dort zum Dienst!« »Heil Hitler, auf Wiedersehen!«, und weg war ich.

Am Sonnabend bin ich dann zum Fähnleinführer von Fähnlein 18 gegangen. Da waren alle meine Schulkameraden und Freunde aus unserer Gegend. So bin ich in die HJ gekommen. Niemand hat mehr nach dem Arier-Nachweis gefragt oder sich dafür interessiert, dass ich nicht arisch war und eigentlich gar nicht in die HJ gedurft hätte. Das alles geschah 1936.

▷ Tanzstunden mit Tante Toni

Ich durfte als sogenannter Vierteljude eigentlich auch nicht aufs Gymnasium. Trotzdem haben meine Eltern mich im Gymnasium in Stettin angemeldet. Allerdings musste ich mich alle viertel Jahr bei dem Direktor melden. Direktor Dr. Isleib – Freimaurer, ein kleiner Mann, der aber großen Respekt genoss – hielt dort praktisch seine schützende Hand über mich. Er hatte nämlich regelmäßig einen Bericht über meine Leistungen abzugeben. Wenn ich keine guten Leistungen erbrächte, hätte ich sofort das Gymnasium zu verlassen.

Einmal musste ich ihm gestehen, dass ich die Lateinarbeit vergeigt habe. Seine Antwort war: »Ich weiß ja, dass du ein sehr guter Schüler bist.« Das war weit entfernt von der Wahrheit. Aber in diesem Tenor hat er seine Berichte verfasst. Eines Tages haben die Nazis auch ihn abgeholt. Freimaurer wurden nicht geduldet im Nazi-Reich.

▽

1943 kam ein neuer Direktor, Dr. Fiebing. Er trug immer SA-Uniform mit der entsprechende Mütze dazu. Nun musste ich also zu einem SA-Direktor wegen der üblichen Berichte. Wie würde er auf meine Situation reagieren? Bei der ersten Begegnung fragte er: »Schwerdtfeger, hast du Verwandte in Köslin?« Ich sagte »Meine Großeltern!« »Ach, das ist ja interessant! Dann hast du eine Tante, die Toni heißt? Das war meine Tanzstundendame!« Durch diesen glücklichen Umstand hatte ich auch bei ihm keine Probleme. Allerdings war dann sowieso bald Schluss mit einem geordneten Unterricht. Ich hab nicht mehr lange mit ihm zu tun gehabt.

▷ **Die Musterung**

Die nächste Geschichte von meiner Bewahrung: Ich musste zur Musterung. Ein großer Saal, verschiedene Tische, dahinter Unteroffiziere, die die Musterungsbögen ausfüllten: Name, wann geboren, wohnhaft etc., und dann schrieb er »arisch«. Ich sagte »Nein, nicht arisch.« »Wie bitte?« Ich hatte ja blonde Haare, blaue Augen. »Was soll der Quatsch jetzt?« Ich daraufhin: »Mein Großvater war Jude.« »Wollen Sie mich verarschen? Also ich lasse das jetzt so stehen ,arisch'. Ich schreib das ganze Ding doch nicht noch mal. Das bleibt jetzt so.« So hat er mich sozusagen offiziell zum Arier gemacht. Auch das hatte später seine hilfreichen Folgen.

KÖNIG-WILHELM-SCHULE/
Staatliche Oberschule für Jungen

König-Wilhelm-Schule in Stettin

▷ **Die assistierte Aufnahmeprüfung**

Nach der Volksschulzeit stand 1938 der Übergang zum Gymnasium an. Meine Eltern meldeten mich also bei der König-Wilhelm-Schule an. Das nannte sich nicht mehr Gymnasium, sondern nun Oberschule. Also, König-Wilhelm-Schule. Es gab eine Aufnahmeprüfung. Die dauerte einen Tag, sogar nur einen Nachmittag. Eigentlich war es eher eine Formsache. Ich hatte gewisse Schwierigkeiten, weiß ich noch, mit der Matheaufgabe.

Der Direktor der König-Wilhelm-Schule, der schon genannte Dr. Isleib, hatte eine ausgesprochen liebenswürdige Art. Im Gegensatz zu meinen Paukern von der Volksschule, die ich so nie erlebt hatte. Dr. Isleib guckte mir über die Schulter und merkte, dass ich Schwierigkeiten hatte. Er flüsterte mir die Lösung ins Ohr, und damit hatte ich die Prüfung bestanden. Die König-Wilhelm-Schule war eine Schule mit den zwei Fremdsprachen Englisch und Latein. Englisch in der Sexta (fünfte Klasse) und Latein ab der Quarta (siebte Klasse). Später wäre noch Französisch dazu gekommen. Das entfiel aber wegen des Krieges.

Im Sommer konnte ich mit dem Fahrrad zur Schule fahren. Im Winter nahm ich die Straßenbahn.

▷

▷ **»Good morning boys!«**

Die erste Fremdsprache, die wir lernten, war also Englisch bei Dr. Beiersdorf. Der war im Ersten Weltkrieg schwer verwundet worden und wurde deshalb später nicht eingezogen. Ein sehr interessierter Englischlehrer, der uns auch über das Englische hinaus später gute Dienste geleistet hat. Und zwar während unserer Luftwaffenhelferzeit mit seinem Unterricht in unserer Flakbatteriestellung. An eine kleine Episode mit ihm erinnere ich mich. Als 1939 der Krieg begann und er wie üblich beim Eintritt »Good morning boys« grüßte – »Heil Hitler« konnte oder wollte er nicht auf Englisch sagen –, da protestierten wir: »Wir brauchen kein Englisch mehr, die Engländer sollen zusehen, dass sie Deutsch lernen.« Da hat er uns so die Leviten gelesen und auch sonst was erzählt, dass diese Idee damit ganz schnell erledigt war.

▷ **Die Gala der Lehrer**

Ich denke jetzt an den Sportlehrer. Sport spielte ja eine große Rolle damals in der Nazizeit. Es war fast wichtiger, eine gute Zensur in Sport als in Deutsch zu haben. So ungefähr war das. Dieser Sportlehrer war ein Sadist. Er wurde »Holla« genannt, weil er ständig »Holla« sagte. Zum Beginn des Sportunterrichts mussten wir immer antreten. Wenn dabei einer nicht die Schnauze halten konnte, sondern anfing zu schwatzen, dann sagte er nur: »Holla, hol mir mal den Strick vom Seilspringen!« Und dann kriegte man erstmal damit den Hosenboden versohlt. Er war ein übler Typ, muss man sagen. Die Spiele, vor allem Völkerball, machten Spaß, aber sonst war der Sportunterricht eigentlich nicht besonders interessant. Ich habe davon hauptsächlich in Erinnerung, dass es hier Prügel gab.

▽

Ein anderer Lehrer war der Lateinlehrer Schlevke. In der Quarta bekamen wir Latein dazu. Ich war in Latein mal gut, mal nicht so gut. Mein Vater hatte ein humanistisches Gymnasium besucht und konnte gut Latein. Wenn er modellierte – er hatte ja nun sein Atelier bei uns im Haus –, dann saß ich dabei, und er fragte mich lateinische Vokabeln ab.

▷▷

Plötzlich schrieb ich in der nächsten Lateinarbeit eine Zwei. Sonst eher eine Drei oder Vier. Da stand unter der Arbeit als Bemerkung »Eine Schwalbe macht noch lange keinen Sommer«.

▽

Ein spezielles Problem hatten wir seit dem Anfang des Krieges. Die jungen Assessoren und die Studienräte wurden alle eingezogen. Die alten, eigentlich schon pensionierten Lehrer, wurden reaktiviert, um wieder Schuldienst zu machen. Das kam uns nicht sehr zugute. Die einzige jüngere Lehrerin war Frau Pastor Franke, die Frau eines evangelischen Pastors. Er hatte den Frankreich-Feldzug mitgemacht und hat uns wohl auch einmal kurz auf einem Heimaturlaub in der Klasse besucht. Eines Tages brachte Frau Pastor Franke ein Päckchen mit in den Unterricht. Wir waren damals vielleicht dreizehn Jahre alt. Dieses Päckchen wurde aufgemacht, und was war da drin? Lauter Granatsplitter. Die verteilte Frau Pastor Franke. Jeder von uns kriegte einen solchen, wahrscheinlich französischen Granatsplitter aus dem Krieg 1940 mit Frankreich.

Ich frage mich heute noch, wie eine evangelische Pastorenfrau auf so einen Gedanken gekommen ist. Aber so war die Zeit. Wir haben selbst nach Bombenangriffen auf Stettin in der Stadt immer nach Flaksplittern gesucht. Die waren sehr begehrt. Das waren damals Sammlerstücke. Wer einen großen Splitter hatte, hatte wirklich Glück, wer einen kleinen hatte, hatte Pech. Echte Granatsplitter von der Front waren besonders begehrt.

Im Musikunterricht wurden Kampf- und Kriegslieder gesungen. Unser Musiklehrer war nämlich ein hoher HJ-Führer. Vielleicht haben mir meine Eltern deshalb Blockflötenunterricht bei Elli Wilke verordnet, eigentlich einer Klavierlehrerin.

▷

▷ Die Blinddarm-Ferien

Ich war kein so sehr guter Schüler, eher ein mittelmäßiger, und brauchte eigentlich alle vier Wochen mal einen Tag oder zwei Tage Pause. Dann sagte ich zu meiner Mutter: »Weißt du, ich habe solche Kopfschmerzen. Ich glaube, heute gehe ich lieber nicht in die Schule!« Sie hat das immer mitgemacht und war einverstanden. Ich hatte sozusagen meine Tage.

▽

Diese Praxis kulminierte dann in folgendem Ereignis. Das muss gewesen sein, als ich dreizehn Jahre alt war, also in der Quarta. Es war im November. Ich hatte mir klar gemacht, dass jetzt ja der Dezember kommt und dann auch die Weihnachtsferien. Am besten wäre, ich würde im Dezember überhaupt nicht mehr in die Schule gehen müssen. Um zu verstehen, wie ich das bewerkstelligte, muss man eine besondere Vorgeschichte kennen.

Meine Eltern waren mit dem Apotheker Götz Ohly befreundet, der eine umfangreiche medizinische Bibliothek besaß. Für mich eine Fundgrube. Dort habe ich mir alle einen Jungen interessierenden medizinischen Anschauungen verschafft: über die Geschlechtsorgane der Frau und des Mannes oder was es sonst auch immer sein mochte. In diesen vielen Bänden medizinischer Literatur wollte ich mir nun Informationen holen über eine Blinddarmentzündung bzw. den Verlauf einer Blinddarmentzündung bis hin zur Operation.

Ich bin also zu Ohly gegangen, habe in seiner medizinischen Literatur geblättert und festgestellt: Einer Blinddarmentzündung geht eine Blinddarmreizung voraus. Manchmal geht die Reizung auch wieder weg. Aber auch: Wenn man einmal eine Blinddarmreizung gehabt hat, kann sie immer wiederkehren. Dann lautet die Empfehlung: auf jeden Fall eine Operation. Das hört sich ganz gut an, fand ich. Darum habe ich sehr langfristig – so etwa im August – angefangen, meine erste Blinddarmreizung zu simulieren. Ich wusste auch, dass die Schmerzen zurückgingen, wenn man sich hinlegte und die Beine zum Bauch anzog. Ein anderes Symptom für die Blinddarmreizung waren Schmerzen, wenn man auf eine bestimmte Stelle am Bauch drückte. Die Blinddarmreizung konnte ich nun exzellent simulieren und erwartete langsam den Fortgang dieser Krankheit.

▷▷

Ich wollte das ja so terminieren, dass ich Anfang Dezember operiert würde. Vor einer Operation hatte ich überhaupt keine Angst, das war mir völlig Wurst. Ich habe dann meine nächste Reizung gespielt. Nun hieß es, ich müsste im Krankenhaus mal vernünftig untersucht werden. Man muss wissen, dass die Krankenhäuser in der Kriegszeit auch Lazarette waren. Für Zivilisten gab es gar keine richtigen Krankenhäuser.

So war das einzige Krankenhaus in Stettin, das für mich in Frage kam, eine Frauen- und Geburtsklinik. Dort operierte ein Freund meiner Eltern, ein Chirurg aus einem anderen Krankenhaus. Dorthin wurde ich also beordert. Der Arzt kam und untersuchte mich. Langsam bekam ich doch Schiss und meinte, es tut überhaupt nicht mehr weh. »Nee, nee«, sagte er, »jetzt gibt es kein Zurück mehr, morgen wirst du operiert.« Es blieb mir nichts anderes übrig. Eine Bitte hatte ich noch an ihn: »Heben Sie bitte den Blinddarm auf. Ich möchte ihn gern in Formalin einlegen und dann in einem Glas aufbewahren.« Für mich war damals klar, dass ich Medizin studieren wollte. »Das mache ich«, sagte er. Anfang Dezember – so wie geplant – fand die Operation statt. Erstmal die ziemlich ekelhafte Narkose, mit Äther. Ich musste von eins bis zehn zählen, kriegte auch keine Beruhigungsspritze. Zum ersten Mal war mir wirklich bewusst, worauf ich mich da eingelassen hatte. Irgendwann bin ich wieder aufgewacht und hatte einen Sandsack auf meinem Bauch. Der diente dazu, dass die Narbe nicht aufging. Es war also eine Sicherheitsmaßnahme.

Erst nach zwei Tagen durfte ich das erste Mal aufstehen. Vorher haben mir immer die Schwestern die frischgeborenen Säuglinge gebracht, einen links und einen rechts in die Arme gelegt. Ich war sozusagen die einzige männliche Kindsmutter in der Frauenklinik. Das hatten die vorher auch noch nicht gehabt.

Als ich dann gehen durfte, ging ich in die Operationssäle bzw. Untersuchungszimmer, schaute voller Interesse die Vitrinen und Geräte an, mit denen die Frauenärzte die Frauen untersuchten. Ließ mir erklären, wie das vor sich geht. Das haben die alle bereitwilligst getan. Die Schwestern hatten einen Narren an mir gefressen.

Als mich meine Mutter einmal besuchte, habe ich ihr gesagt: »Komm mal mit, ich zeig dir was!« Dann habe ich ihr genau erklärt, welche Instrumente benutzt werden, wenn sie zum Frauenarzt geht. Ich wäre also bestens vorbereitet gewesen auf den Arztberuf, den später dann meine Tochter Julia und mein Sohn Robin ergriffen haben.

Das Ende vom Lied dieser Episode war, dass ich Mitte Dezember entlassen wurde mit dem Hinweis, erst im neuen Jahr wieder in die Schule zu müssen. Denn die Narbe fing an zu eitern. Schließlich ist alles gut verheilt. Es gab aber noch einen Schlussakt: Als nämlich der Chirurg zur Visite kam und ich ihn nach meinem Blinddarm fragte, sagte er: »Den Blinddarm gibt's nicht. Den habe ich vergessen.« Mir war klar, warum. Er hat nämlich festgestellt, dass da nichts an der Geschichte dran war, keinerlei Entzündung oder sonst irgendwas zu sehen war. Es wäre auch für ihn peinlich gewesen, eine Operation zu machen, die eigentlich gar nicht notwendig war.

KIRCHE

▷ **Konfirmandenunterricht morgens um sieben**

Ich habe auch Konfirmandenunterricht gehabt. Er fand immer vor der Schule morgens früh um sieben Uhr bei Pastor Rendtorff statt. Pastor Rendtorff war ein ehemaliger Bischof in Schleswig, der von den Nazis strafversetzt war in unsere kleine Kirchengemeinde in Stettin Westend. Wir mochten ihn. Er war ein mutiger Mann.

Ab und zu wurde er abgeholt, vernommen und eingesperrt. Wenn er dann wieder erschien – nach zwei Wochen, manchmal nach drei Wochen –, begann er den Gottesdienst so: »Liebe Gemeinde, ich bin wieder da. Das sage ich auch denjenigen, die sich unter uns befinden und aufpassen, dass ich nichts Falsches sage.« Also, er war schon ein toller Mann.

Seine zwei Söhne Ralf und Trutz, die später auch beide bekannte Theologen wurden, kannte ich gut. Sie waren etwas älter als ich. Pastor Rendtorff, der über meinen familiären Hintergrund gut Bescheid wusste, hat mich sehr geprägt. Ich wurde ein gläubiger Christ, ein echtes Gemeindemitglied, und habe den Schutz der Kirche lieb gewonnen. Der Konfirmandenunterricht war mir wichtig.

▷ **Konfirmation**

Im März 1942 bin ich konfirmiert worden. Die Feier zu Hause fand nur in ganz kleiner Gesellschaft statt. Es gab wenig Platz. Denn mein Kinderzimmer war ja nach dem Umbau gleichzeitig auch Esszimmer. Ganz genau weiß ich heute nicht mehr, wer alles da war. Ich nehme an, meine Großeltern aus Köslin, Reinhold und Muttchen, Tante Gisela und vielleicht Onkel Arthur. Und natürlich meine Patentante Gerda mit ihrem Mann Gerhard.

Der war eigentlich ein guter Freund meines Vaters. Beide kamen aus Köslin, der Heimatstadt meines Vaters, und kannten sich von früher her. Aber seine Mitgliedschaft in der NSDAP hatte dazu geführt, dass sich die früher engen Familienbanden doch sehr lockerten. Das ging sogar so weit, dass die beiden ehemaligen Freunde vereinbart hatten, sich nicht mehr zu grüßen, wenn sie sich auf der Straße begegneten.

▷ Taufe

Nach meiner Konfirmation 1941 wurde 1942 meine Schwester Brigitte getauft. Von diesem Ereignis gibt es ein schönes Foto. Ich im dunkelblauen Konfirmationsanzug mit langer Hose und Krawatte. Meine kleine Schwester auf dem Arm in dem Taufkleid, das in unserer Familie von Generation zu Generation weiter vererbt wurde.

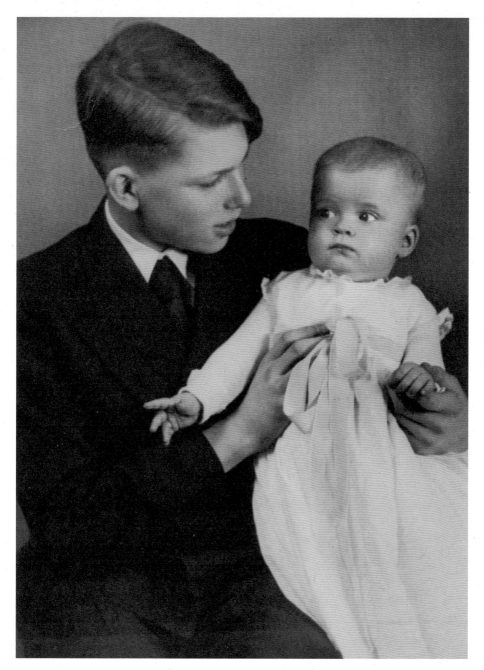

Stefan und seine Schwester Brigitte am Tauftag im Jahre 1942

▷

MEINE SCHWESTER BRIGITTE

Ich wuchs eigentlich als Einzelkind auf und hatte schon lange den Wunsch nach Geschwistern. Mein Abendgebet nach dem Ins-Bett-Bringen mit meiner Mutter endete stets: »Lieber Gott, schenke mir ein Schwesterchen oder ein Brüderchen!« Am 5. Juli 1941 erfüllte sich mein Wunsch. Mein Vater weckte mich morgens um sieben Uhr und sagte: »Du hast heute Nacht ein Schwesterchen bekommen!« Wir überlegten nun, welchen Namen es bekommen sollte. Ich plädierte für Brigitte nach der Schauspielerin Brigitte Horney. Mein Vater war einverstanden, da auch er die Schauspielerin mochte.

Später habe ich erfahren, dass meine Eltern eigentlich Cornelia favorisiert hatten, aber meinen Vorschlag respektierten. Ich erinnere mich sogar noch an das Mittagessen an Brigittes Geburtstag, das meine Mutter vorgesehen hatte. Es war eine Kirschsuppe, eine meiner Lieblingsspeisen.

Ich habe mich dann sehr um meine kleine Schwester gekümmert und sie im Kinderwagen durch die Gegend geschoben. Was für einen dreizehnjährigen Jungen damals völlig unüblich war. Mich nannte sie, als sie dann sprechen konnte, »Buwa«. Auch später, als ich nicht mehr zu Hause war, habe ich mich in meinen Briefen stets nach ihr erkundigt.

▷ Kindheitstrauma

Die ersten Lebensjahre mitten im Krieg sind für meine kleine Schwester wirklich schwierig gewesen. Bombenalarm, aus dem Bettchen geholt werden und dann im Keller die Bombeneinschläge. Die gespürte Sorge der Eltern. Und schließlich auch mit weniger als vier Jahren die lange Flucht im kalten Februar 1945 von Stettin nach Norden.

▽

Als ich Ende Januar 1945 heil aus den Kämpfen an der Front nach Stettin kam, habe ich meine Mutter beschworen, sich sofort mit Brigitte auf den Weg nach Norden zu ihrer Schwester Gretchen zu machen. Meine Mutter hatte sich bis dahin geweigert, da sie nichts mehr von mir gehört hatte.

Ihre Fahrt nach Norden kenne ich nur aus den späteren Schilderungen meiner Mutter.

▷

DIE VERPASSTE JUGENDZEIT

▷ **Verdunkelung**

Nach Kriegsbeginn am 1. September 1939 lief das tägliche Leben zunächst in seinen geordneten Bahnen weiter. Im Schulbetrieb änderte sich nichts an der Vermittlung des Lehrstoffes. Spürbar war jedoch, dass sich allmählich das Lehrerkollegium veränderte, weil die jungen und beliebten Lehrer nach und nach eingezogen wurden und durch alte, pensionierte ersetzt wurden oder auch mehr Lehrerinnen (die König-Wilhelm-Oberschule war eine Jungenschule) rekrutiert wurden.

▽

Sehr bald wurde die Verdunkelung sämtlicher Fenster angeordnet, um feindlichen Flugzeugen keine Orientierung für die Ziele ihrer Bombenabwürfe zu liefern. Auch die Scheinwerfer der Autos, Motorräder und Fahrräder mussten abgedunkelt werden. Bei Dunkelheit gab es keine Straßenbeleuchtung mehr. Man musste sich schon konzentriert auf dem Bürgersteig bewegen, um sich nicht gegenseitig anzurempeln. Besonders bei schlechtem Wetter war es stockdunkel, besser war es bei Mondschein. In solchen Situationen kommen Jungen ja auf merkwürdige Gedanken.

Mit vierzehn Jahren hatte ich bereits die Größe eines Erwachsenen. Als mein Vater eines Abends bei Freunden war, zog ich kurzentschlossen seinen Uniformmantel und seine Schaftstiefel an, hängte mir seinen Säbel um und setzte seine Uniformmütze auf. Ich wollte als Oberfeuerwerker einmal ums Karree gehen. Auf dem Weg, es war ein dunkler Abend, begegneten mir hin und wieder Soldaten. Sie grüßten mich soldatisch mit Hand an der Mütze, und ich grüßte militärisch zurück.

▷ Bombenalarm unterm Kochtopf

Ab 1942 wurden die Bombenangriffe – im Jargon »Terrorangriffe« genannt – stärker und fanden nach Kriegsbeitritt der Amerikaner immer öfter Tag und Nacht statt. Darum wurden auch die Keller der Privathäuser zu Luftschutzkellern umgebaut. Öffentliche große Luftschutzbunker waren ja schon bald nach Beginn des Krieges gebaut worden. Kriegsgefangene, vor allem Franzosen, mussten auf diesen Baustellen arbeiten. Die Bunker waren mächtige Gebilde, die im Erscheinungsbild an große, normale städtische Gebäude erinnern sollten und so getarnt wurden.

In unserem Reihenhaus wurde nun auch ein privater Luftschutzkeller eingerichtet. Ein Kellerraum erhielt zur Verstärkung mittig eine gemauerte Säule, die die Statik der Kellerdecke stützen sollte. Übrigens wurden diese Arbeiten ebenfalls von französischen Kriegsgefangenen ausgeführt. Zu unseren Nachbarn rechts und links wurden Öffnungen in die Wände gehauen. Das waren die vorgesehenen Rettungswege, falls das Haus durch eine Bombe zusammenbrach und man verschüttet würde. Wenn es Fliegeralarm gab, wurde ich geweckt. Nur wenn die Sirenen das nicht schafften, machten meine Eltern das. Dann habe ich einen Kochtopf genommen, mir den als Schutzhelm auf den Kopf gesetzt, ich griff das Buch, das ich gerade las, und ging in den Keller. Ich habe sehr viel gelesen in dieser Zeit, weil die Volksbücherei gegenüber von uns in der Volksschule war. Und so mit dem Kochtopf auf habe ich dann die zwei, drei Stunden im Keller gesessen, bis Entwarnung kam. Unser Haus blieb von Bombentreffern verschont. Lediglich nach der Detonation einer Luftmine flogen einmal die Ziegel vom Dach. Die Reparatur wurde dann aber bald vorgenommen – von französischen Kriegsgefangenen. Nächtlicher Fliegeralarm führte in der Regel am nächsten Tag zu einem verspäteten Schulbeginn, in der Regel zwei Stunden später. Dadurch sind viele wichtige Unterrichtsstunden ausgefallen.

Wenn ich später als Luftwaffenhelfer auf Urlaub nach Hause kam, grub ich mir vorsorglich im Garten ein »Einmannloch«, setzte mich mit dem Stahlhelm da hinein. So erlebte ich den Bomberangriff und das Feuern der Flak im Freien. Ich wollte bei einem eventuellen Zusammenbruch des Hauses nicht verschüttet werden.

▷

▷ Brandwache statt Klassenausflüge

Es gab im Keller unserer Schule einen Feuerwehrwach-Raum, ausgestattet mit zwei Betten, zwei Stühlen und einem Tisch. Jeden Abend wurden zwei andere Schüler unserer Klasse eingeteilt, dort Feuerwache zu halten. Falls die Schule durch Brandbomben getroffen würde, sollten sie mit dem Löschen beginnen. Das war nicht ganz ungefährlich. Denn es gab neben den Stabbomben, die »nur« Brände entfachten, auch solche, die explodierten, noch schlimmer waren die gefürchteten Phosphorbomben, die lebensgefährliche Brandverletzungen verursachten. Gott sei Dank blieb unsere Schule verschont. Ich bin sicher, dass wir zu zweit ohnehin keine Chance gehabt hätten, wirklich zu löschen. Als Jungen hätten wir wahrscheinlich mit Erleichterung auch die Schule eher abbrennen lassen, denn geliebt haben wir die Schule nicht. Der Krieg hat uns die Jugend genommen. Es war kein Raum, sich auf irgendeine Weise so zu verhalten, wie es für Jungen oder Mädchen in diesem Alter üblich wäre. Ich habe eigentlich keine Jugend gehabt. Die Schulzeit war belastet durch Fliegeralarm, Brandwache und Dienst bei der HJ. Dann wurde ich Luftwaffenhelfer, und damit war ich Soldat. Nur ein Beispiel: Als ich vierzehn war, bekam ich den Befehl, als Angehöriger der HJ, des Fähnleins 18 Florian Geyer, bei Fliegeralarm Feuerwache zu halten. Und zwar beim Kreisleiter, einem hohen Nazi in Stettin. Ich musste aufs Fahrrad springen, zu seinem Haus fahren und dort aufpassen, ob Brandbomben fielen, um gegebenenfalls zu löschen.

Das muss man sich vorstellen, der Vierteljude bewacht das Haus eines Nazi-Kreisleiters. Der wusste das natürlich nicht.

▷ Als Schülerknecht auf dem Land

1943 habe ich ein halbes Jahr auf einem Bauernhof gearbeitet. Wir wurden von Stettin als Schüler aufs Land geschickt, konkret nach Hinterpommern. Hinterpommern war ja sehr wichtig für die Ernährung Deutschlands. Viele Männer waren beim Militär, und so griff der Staat auf die Schüler als Arbeitskräfte zurück. So sind wir dann von April bis November 1943 bei Bauern als Knechte gewesen.

▷▷

Ich kam zu dem Bauern Köpsel in Gummin, das ist in der Nähe von Treptow an der Rega. Der hatte einen schönen großen Hof, war selber sogar freigestellt vom Militärdienst, weil sein Betrieb unverzichtbar war für die Ernährung. Mir ist es dort eigentlich gut gegangen. Auf dem Hof waren Pferde und Kühe. Für den Kuhstall hatte er extra einen Schweizer angestellt, mit dem teilte ich eine kleine Dachbude. Es gab außerdem zwei französische Kriegsgefangene, die meine Freunde wurden. Die beiden hatten keine große Not, weil sie von dem Bauern gut behandelt wurden.

Von ihnen lernte ich etwas Französisch, darum hatte ich sie gebeten. Der eine hatte immer, wenn irgendwas nicht funktionierte, einen Fluch: »Bordelle perdu!« Ich fragte ganz unbefangen »Was heißt das denn?« »Ha-ha-ha, das ist ein spezielles Haus.« Ich hatte keine Ahnung, was ein Puff war, aber darum ging es. Wir drei, die beiden Kriegsgefangenen Jean und Robert und ich, haben den Hof geschmissen mit allem, was so anfällt. Rüben hacken, Korn ernten, dreschen, Kinder hüten, Brot backen und Kartoffeln lesen.

▷ Der Kuhhirt

Manchmal – und das war mir besonders lieb – durfte ich die Kühe auf eine bestimmte Wiese treiben. Dort blieben sie ein paar Stunden, bis es wieder zurück in den Stall ging. Eines Tages war ich so müde, dass ich einschlief. Meine Kühe fraßen, es war so schön friedlich, der Hund neben mir schlief auch. Als ich aufwachte, waren die Kühe weg. Es war furchtbar, ein Schreck. Sie waren auf der Weide des Nachbarn. Wie die wieder herkriegen? Da hatte ich die geniale Idee, meinem Hund den Befehl zu geben, die Kühe da rauszubellen. Das hat er verstanden. Er hat so ein Spektakel gemacht, sie in die Hinterbeine gebissen, dass sie wieder über den Zaun zurückgesprungen sind. Nun hatte ich sie wieder beisammen. Das war ein Glück, denn ein paar Tage vorher war eine Kuh von der Kleinbahn überfahren worden, die zu diesem Ort führte. Das war sehr ärgerlich. Deshalb hatte ich große Angst, dass mir Ähnliches passieren würde. Aber ich habe Glück gehabt.

▷

FLAKHELFER

▷ **Schüler an die »Heimatfront« – Der zweite Tornister**
Ich bin am 5. Januar 1944 Luftwaffenhelfer geworden. Der Einberufungsbefehl sah vor, dass die gesamte Klasse en bloc eingezogen wurde. Der Reichsjugendführer sah nämlich seinen politischen Beitrag zum Krieg darin, dass nun die HJ Aufgaben der Wehrmacht übernehmen sollte. Insofern mussten wir auch die Flieger-HJ-Uniform tragen. Unsere Kameraden, die zur Marine kamen, hatten die Marine-HJ-Uniform. Die war in unseren Augen viel schöner. Das war eine richtige Matrosen-Uniform, während wir diesen »Skianzug« bekamen. Allerdings trugen wir ein Abzeichen auf der Brust, dass wir Luftwaffenhelfer waren. Aber wenn wir in die Öffentlichkeit gingen, mussten wir eine HJ-Armbinde anlegen. Wenn nicht, gab's Ärger, wenn wir geschnappt wurden. Trotzdem haben wir draußen die Armbinde immer sofort abgenommen und in die Hosentasche gesteckt.

In unserer Batterie, in der Stellung hatten wir Soldatenuniformen an wie richtige Rekruten. Die Flieger HJ-Uniform war eine reine Ausgehuniform. Aber die fanden wir auch deshalb nicht so toll, weil wir eigentlich richtige Soldaten-Uniformen tragen wollten. Zumal wir ja vollkommen die Funktionen von Flakkanonieren und Flaksoldaten übernehmen mussten.

Aus heutiger Sicht mag das merkwürdig klingen. Aber wir waren damals so indoktriniert gewesen, dass es für uns Jugendliche fast eine Ehre war, als Soldaten Dienst tun zu dürfen. Wenn die Schüler vom Jahrgang 1927, die vor uns einberufen wurden, auf Urlaub kamen, fanden wir das schon sehr spannend. Wir waren nicht böse über unsere Einberufung und hatten überhaupt gar keine Angst vor dem Dienst. Es war ja auch so, dass der Staat einen Vertrag mit unseren Eltern machte, dass wir nur an der Heimatfront eingesetzt werden durften. Die Heimatfront war Stettin, genauer Scheune, ein Stadtteil von Stettin.

Stefans Schulklasse als Flakhelfer in Wusterhusen

▷ **Einberufung**

Am 5. Januar 1944 also wurde unsere Klasse einberufen, eingekleidet und in Scheune stationiert. Da stand nämlich eine 10,5 cm schwere Flakbatterie mit dem Kennzeichen 6./616. Wobei 6. für die Flakbatterie und 616 für die Einheit stand. Wir waren also die 616. Einheit. (Flak heißt »Flugabwehrkanone«.)

Wir lebten in Baracken mit langen Fluren, von denen rechts und links die Mannschaftsräume abgingen. Acht Jungen lebten in einem Raum. Als Flakhelfer an der Heimatfront hatten wir weiterhin Schule. Richtigen Schulunterricht mit dem Schreiben von Arbeiten usw. So, als ob nichts wäre. Nur wenn Alarm kam, sind wir aufgesprungen und an unsere jeweiligen Posten gegangen: als Kanoniere oder als Richtkanoniere. Richtkanoniere saßen an der sogenannten E-Basis. Das war ein »Drei-Meter-Entfernungsmessgerät«, mit dem die Entfernung und Flughöhe der Flugzeuge genau ermittelt werden konnte. Dann hieß es immer »Gruppenfeuer«. Und die zwölf Geschütze schossen gleichzeitig auf die anfliegenden Bomber.

▷

▷ Unterricht an Kanone und Funkmessgerät

Ich wurde einem Funkmessgerät zugeteilt. Funkmessgeräte waren die ersten mobilen Radargeräte. Dem theoretischen Einführungsunterricht konnte ich zunächst auch nur bedingt folgen. Der zuständige Unteroffizier Potzler hatte mich ausgesucht, weil er im Zivilberuf Bildhauer war und bei dem Namen Schwerdtfeger sofort an seinen Kollegen Kurt Schwerdtfeger dachte. Nachdem sich seine Vermutung bestätigte, blieb mir nichts anderes übrig, als mich zu fügen. Lieber wäre ich ja an einer Kanone als Richtkanonier tätig geworden.

Mein Unteroffizier hatte mit einem anderen Unteroffizier eine gemeinsame Stube. Als Potzler seinen vierzehntägigen Heimaturlaub bekam, verpflichtete er mich, sein Tonrelief, an dem er in seiner Freizeit gearbeitet hatte, mit einem Lappen feucht zu halten. Er nahm wohl an, dass ein Bildhauersohn das kann. Er wollte nach seiner Rückkehr aus dem Urlaub das Werk vollenden. Die Geschichte lief aber nicht so wie vorgesehen. Denn in meinem Übereifer versorgte ich das Tonrelief mit zu viel Feuchtigkeit, so dass sich langsam die fein modellierten Teile auflösten. Der Rückkehr meines Bildhauerunteroffiziers sah ich etwas besorgt entgegen. Ein Zufall verhalf mir aus dieser peinlichen Lage. Wir wurden nämlich noch vor seiner Rückkehr nach Wusterhausen verlegt.

▷ Der erste Schuss »übers kühle Grab«

Zurück zu unserer konkreten Einberufung. Gleich in der ersten Nacht auf den 6. Januar 1944 erlebten wir einen Bombenangriff auf Stettin. Draußen direkt neben der dortigen Flakstellung mit zwölf Geschützen, die von einem zentralen Befehlsstand gesteuert wurde.

Ich erinnere mich genau, dass der Batteriechef, ein junger Leutnant, während des Flakfeuers mit seinem Hund auf dem Schutzwall spazieren ging. Die Bomben hatten die Stromversorgung zerstört. Mein Klassenkamerad Iben, ich und andere mussten die Leitung wieder in Ordnung bringen. Der Unteroffizier, der uns befehligte, bekam auf dem Weg zum Mast einen Stromschlag und war auf der Stelle tot.

▷▷

Iben wollte ihm helfen, fasste ihn an und bekam ebenfalls einen tödlichen Stromschlag. Das waren die ersten Opfer gleich in unserer ersten Nacht als Luftwaffenhelfer. Beide wurden mit militärischen Ehren beigesetzt, mit dem sogenannten »Schuss übers kühle Grab«. In Stettin-Scheune blieben wir bis Anfang Februar 1944.

▷ Die ständige Verlagerung der »Heimatfront« nach Osten

Anfang Februar 1944 mussten wir nach Wusterhusen am Rand von Peenemünde. Dort kamen wir an große Kanonen, die im Ersten Weltkrieg von den Franzosen erbeutet wurden, »Ratschbumm« genannt. Sie waren auf Lastwagen montiert. Mit ihnen mussten wir Sperrfeuer gegen feindliche Flugzeuge schießen. Geübt haben wir das, indem wir auf den Kirchturm zielten. Er blieb zum Glück heile.

Wir bekamen guten Kontakt zu den Dorfbewohnern, für die wir einmal einen Varieté-Abend mit Musik und Vorführungen veranstalteten. Von meinem missglückten Kussversuch mit einem Mädchen vom BDM will ich mal nichts erzählen. Allerdings von unserem Koch. Wir haben ihn angezeigt, weil er die Lebensmittel nicht nahm, uns ein kräftiges Essen zuzubereiten, sondern sie verhökerte und zu Geld machte. In der Zeit dort hatten wir auch Kontakt mit russischen Hiwis (Hilfswillige). Das waren Freiwillige, die in der deutschen Armee dienen wollten. Sie mussten in Sperrholzunterkünften leben, während es für uns Deutsche feste Baracken gab.

▽

Im Juni 1944 wurden wir dann direkt nach Peenemünde verlegt und den dortigen 8,8 Flakgeschützen zugeordnet. In Peenemünde wurden ja die V1 und die V2 produziert. Wichtige Leute wie Werner von Braun und andere wirkten dort. Darum mussten hier starke Verteidigungsanlagen bestehen.

Den 20. Juli 1944 – Attentat auf Adolf Hitler – habe ich in Peenemünde erlebt. Wir schoben mit unseren Karabinern in den Straßengräben Wache, als mein Klassenkamerad Malte Bütow sagte: »Jetzt ist Hitler doch nicht getötet worden!« Da haben wir uns gegenseitig als Nichtnazis zu erkennen gegeben und politisch verbrüdert.

Im August 1944 wurden wir weiter beordert nach Insterburg. Wir kamen immer näher an die Front zu den Russen. Da waren auf einmal keine Flakgeschütze mehr, sondern große Geschütze mit Panzerschutzschilden, die auf Güterwagen transportiert wurden. Wir haben uns schon gefragt, was das denn nun zu bedeuten hat. Mehrere Batterien mit jeweils zwölf Geschützen (zwölf Geschütze waren eine Batterie), für die wir Erdwälle ausheben mussten. Für uns gab es nur noch Zelte. Ich schlief zusammen mit meinem Freund Peter Block. In Insterburg sind wir etwa zwei Monate geblieben.

Mit der kühleren Jahreszeit wurden wir Ende September 1944 nach Thorn an der Weichsel verlegt. Die dort installierten Geschütze hatten alle Panzerschutzschilde und sollten für den Erdkampf und die Panzerbekämpfung geeignet sein. Das war nun der letzte Schritt in Richtung des echten Kriegseinsatzes. Zwar war zu dieser Zeit noch nichts von der Front zu spüren. Man konnte sich aber ausrechnen, wann die Russen kämen. Das ist ja später auch passiert, und ich bin da richtig in den Schlamassel geraten. Zunächst standen nur Schule und Wache, nachts auch zwei Stunden Telefondienst im Vordergrund. Das ging so bis Silvester 1944.

Peter Block und Stefan am Flakgeschütz in Wusterhusen

▷

Stefan auf Heimaturlaub 1944 mit seiner Schwester Brigitte

▷ Zurück in den Schlamassel

Über Silvester 1944 hatte ich Fronturlaub in Stettin. Zurück an die Front in Thorn wollte ich nicht. Aber meine Idee, ich könnte mich in der Laube verstecken, wäre Fahnenflucht gewesen und hätte für alle in der Familie Lebensgefahr bedeutet. Mein Vater war ja ebenfalls Soldat, meine Mutter war als Halbjüdin besonders gefährdet.

Mein Vater forderte also schweren Herzens, dass ich zurück nach Thorn müsse. Ich weiß noch ganz genau, wie mein Vater mich in Stettin, die Straßenbahn fuhr gar nicht mehr, mit dem Schlitten zum Bahnhof gebracht hat. Er verabschiedete sich mit einer langen Umarmung. Das war ganz ungewöhnlich für ihn. Ich spüre heute noch seine Umarmung. Er rechnete wohl nicht mehr damit, dass er mich jemals wiedersehen würde. Das war schon ganz schön hart.

Am 13. Januar 1945 bin ich in die Eisenbahn gestiegen. Ich weiß gar nicht mehr, ob es ein Truppentransport war. Der Zug fuhr auf jeden Fall an die Front nach Thorn. Denn zur gleichen Zeit ist ja die Offensive der Russen Richtung Westen losgegangen.

▷

Liebe Eltern!

Es ist jetzt soweit. Ab heute Nacht 4⁰⁰ sind wir fertig zum Erdeinsatz. Die Panzerspitzen sind in Annaroh. Ich schreibe diesen Brief in einer kurzen Pause. Unser Sturmgepäck mit der eisernen Ration sind gepackt. Die Panzerfäuste liegen schußfertig auf den Schutzwällen. Auf der großen Straße, die an unserer Baracke vorbeiführt, ziehen die Thorner Bevölkerung und die Leute der umliegenden Dörfer in langen Trecks mit Hab und Gut gen Westen. Unsere Stahlhelme haben wir heute früh weiß gestrichen. Gestern Nacht sahen wir die Mündungsfeuer der schweren Artillerie. Die Lehrer sind bis jetzt noch hier. Gestern hatten wir Schule und bekamen unsere ~~Zeugnis~~ Zensuren. Ich habe in Erdkunde und Mathematik eine 5. In Biologie eine 3. In Deutsch habe ich trotzdem ich in der Arbeit ~~nur~~ eine 2 schrieb nur eine 4 auf dem Zeugnis. Gestern waren die Russen mit Flugzeugen hier und griffen den Bahnhof und die Brücke an. Sie haben aber keinen Schaden angerichtet.

So nun Schluß. Herzliche Grüße + Küsse Euer Sohn

85

Wir haben heute den ganzen Tag
geschossen. Schlachtflieger usw.
Es war von morgens 7⁰⁰ – 17⁰⁰
ununterbrochen Alarm. Panzerfäuste,
Handgranaten sind geladen.
Karabiner liegen neben uns. Von
ferne hören wir die schw. Art.
Ob wir hier noch einmal rauskommen ist sehr fraglich. Wir
glauben nicht mehr daran.
Diesen Brief nimmt Frau Amast
mit, die heute noch Thorn verläßt.
Ich werde vielleicht lange nichts
von mir hören lassen. Wenn es
geht schreibe ich natürlich.

Herzliche Grüße + Küße
in großer Hetze + Eile

Euer Stoffi

▷

▷ **Mathe-Abitur an der Front und Flucht der Lehrer**

An diesem Morgen am 13. Januar 1945, als ich wieder in der Thorner Stellung war – wir waren da in Erdbunkern –, ging plötzlich die Tür auf, und mein Mathelehrer Quast, genannt »Qualle«, erschien und sagte: »Schwerdtfeger, Sie sind ja nun im Urlaub gewesen. Ich muss jetzt Zeugnisse schreiben. Ich weiß nicht, was ich mit Ihnen machen soll. Alles schlechte Arbeiten, ich muss Sie jetzt hier mündlich prüfen!« Da habe ich zu ihm gesagt, »Herr Studienrat, der Angeklagte verweigert die Aussage!« und habe ihn stehen gelassen. Mittags ist er zusammen mit anderen Kollegen ab in die Heimat. Sie alle haben uns alleine gelassen.

Unsere Eltern haben ihnen dann die Hölle heißgemacht, als sie in Stettin ohne uns erschienen: »Wo sind die Jungs?« Schule und Unterricht hatten wir also fast bis zum Schluss. Die Lehrer sind immer mit uns mitgereist: von Stettin über Wusterhausen, Peenemünde, Insterburg bis nach Thorn an der Weichsel. Bis zum letzten Moment, bis der letzte Zug aus Thorn zurück nach Stettin fuhr.

Sie hatten militärisch keinerlei Vorgesetztenfunktion. Sie waren nur Lehrer. Wenn wir bei Alarm an die Geschütze rannten, sind sie in den Kartoffelkeller geflüchtet und haben da gebibbert. Wir hatten überhaupt keinen Respekt mehr vor ihnen. Meine Mathematiknote und die anderen Noten waren fast alles Vieren und Fünfen. Ich war eigentlich sitzen geblieben, wenn man so will. Das ist aber nicht mehr zum Tragen gekommen. Denn am Ende des Krieges bekam ich eine Bescheinigung über ein bestandenes Abitur. Mehr oder weniger habe ich mein Abitur geschenkt bekommen.

Dieses Kriegszeugnis genauso wie meinen Entlassungsschein aus der Kriegsgefangenschaft habe ich noch.

König Wilhelm-Schule   Gut Tarnow, 16.4.1945.
Staatl. Oberschule für Jungen
Zg. No B 193/4   B e s c h e i n i g u n g :

Der Schüler der Klasse 7 der Staatl.König-Wilhelm-Oberschule

zu Stettin, Stefan S c h w e r d t f e g e r , erhält auf

Grund seiner Einberufung zum Arbeitsdienst, bzw. Wehrdienst die

Bescheinigung, dass er zu dem Termin, an dem er bei weiterem

Besuch der Schule die Reifeprüfung abgelegt haben würde, den

Vorsemestervermerk erhalten wird.

Oberstudienrat:

Der Oberpräsident   Hannover, den 26.August 1946
  von Hannover

Abt.Wissenschaft,Kunst und Volksbildung
OPIV Nr.39 gen/3 Bad.
        Stefan Schwerdtfeger erhält gemäss Erlass des Herrn

Reichsministers für Wissenschaft,Erziehung und Volksbildung vom

4.1.1945- EIIIa 2555 W- den Reifevermerk.

        Im Auftrage:

▷ Die Festung Thorn

Wie gesagt, war ich morgens früh am 13. Januar 1945 wieder zurück in Thorn bei meiner Einheit. Das war der Tag, als die Russen ihre große Offensive im Osten begannen. Als Reaktion auf diese Offensive erklärte Hitler mit einem sogenannten »Führerbefehl« Thorn zur Festung und verfügte, dass sie bis zum letzten Blutstropfen zu verteidigen sei. Die Bevölkerung floh aus der Stadt in Richtung Westen. Wir wurden mit Infanteriemunition, Gewehren und Panzerfäusten ausgerüstet und erwarteten die erste Feindberührung in unserer Batterie.

Um den 20. Januar war es soweit. Die russische Front hatte Thorn erreicht und griff Thorn an. Mit unseren 8,8 cm Flakgeschützen, die mit Granaten für den Erdkampf ausgestattet waren und in vier Metern Höhe explodierten und zersplitterten, konnten wir den Angriff abwehren. Diese Waffen führten zu verheerenden Verlusten unter den Russen. Die Russen änderten ihre Taktik. Sie ließen Thorn liegen, und ihre Armee stieß keilförmig nach Westen vor. Wir waren eingekesselt und plötzlich im Rücken der russischen Front. Dass wir dann vierzehn Tage lang eingekesselt waren, merkten wir nicht. Denn es blieb für uns bis zum 31. Januar ruhig, quasi wie im Auge eines Orkans.

Unsere Batterie wurde vom Stadtrand in die Stadtmitte verlegt. Wir Jungen haben die Zeit genutzt, um uns im Zentrum häuslich einzurichten. Viele Häuser standen leer, weil nun die meisten Bewohner die Stadt fluchtartig verlassen hatten. Mein Freund Peter Block und ich wählten die Wohnung eines Eisenbahners. Da stand noch das Abendessen auf dem Tisch, als wir in die Küche kamen. Im Haus trugen wir nun immer Eisenbahneruniform, bedienten uns von den Güterwagen draußen, denn da gab es immer etwas zu holen. Udo Wulf entdeckte ein Lager mit Damenschuhen. Ein Paar Damenschuhe steckte er sich rechts und links ins Koppel. Die wollte er seiner Schwester mitbringen. Nach wie vor waren russische Hiwis bei uns. Mit ihren Panjewagen sind wir in die verschiedenen Depots gefahren, um uns zu versorgen.

▷ Ausbruch aus dem Thorner Kessel

Am 30. Januar 1945 erfolgte der Befehl zum Verlassen der Festung Thorn an mehreren Abschnitten. Der Kommandeur hatte sich zu unserem Glück nicht an den Führerbefehl »Verteidigung bis zum letzten Blutstropfen« gehalten. Wir Luftwaffenhelfer wurden nun als Soldaten vereidigt und einer Infanteriedivision der Festung zugeteilt. Das diente hauptsächlich unserem Schutz. Denn wenn wir in russische Kriegsgefangenschaft geraten sollten – womit eigentlich alle rechneten –, würden wir als Soldaten behandelt, die nach den Genfer Konventionen einen besonderen Schutz genießen. Als Luftwaffenhelfer hätten uns die Russen als Partisanen behandeln und erschießen können.

Unser Ausbruch aus dem Festungsgürtel geschah unter hohen Verlusten. Vor unseren Augen wurde unser Kamerad Burkhard Schupp tödlich getroffen. Wir hatten uns in einem Keller verschanzt und konnten erst zu ihm, als der Kampf sich beruhigte und die Russen sich zurückzogen. Wir haben ihm die letzte Ehre erwiesen. Joachim Fritz hat ihm die Augen zugedrückt, und wir haben uns von ihm verabschiedet, tief erschüttert und mit Tränen in den Augen.

▷ Über die Weichsel

Nach dem umkämpften Ausbruch aus Thorn mussten wir dann die Weichsel bei Kulm überqueren. Die Russen hatten dort zwar eine »Eisbrücke« für ihre Truppen errichtet, aber inzwischen hatte Tauwetter eingesetzt. Zu Fuß konnte man nicht sie nicht mehr benutzen. Das Wasser stand etwa fünfzig Zentimeter über dem Eis. Deshalb haben wir uns an Lastwagen geklammert, weil die noch passieren konnten. So kamen wir an das westliche Weichselufer. Während dieser Überquerung fiel kein Schuss. Die Russen schauten zwar oben von Kulm zu, aber sie nahmen wohl an, dass es sich um russische Truppen handelte. Denn deutsche Truppen hinter ihrer Front hatten sie nicht mehr erwartet. Im nächsten Dorf wurde dann in einer Scheune eine kurze Rast eingelegt. Mein Vater hatte mir eingetrichtert, in einer solchen Situation niemals die Schuhe auszuziehen.

Viele Kameraden taten das aber. Als dann überraschend die Russen angriffen, mussten sie barfuß um ihr Leben rennen. Erst in einem anderen Dorf fanden sie neue Schuhe oder Filzpantoffeln. Schließlich erreichten wir die deutsche Front und Güterwagen, die uns nach Danzig brachten. In Danzig waren die Russen noch nicht. Die russische Front zielte keilförmig auf Berlin, und deshalb waren die Städte an der Ostsee wie Danzig, Stolp, Belgard und auch Stettin noch nicht russisch besetzt.

▷ **Schnapsidee und Heldenklau**

In Danzig sammelten wir uns in einer Kaserne. Mein Vater hatte einen Freund, der hier in Danzig eine Schnapsfabrik besaß. Ich bekam darum die Erlaubnis, bei ihm Schnaps zu ergattern. Mein Freund Peter Block und ich machten uns auf den Weg – in vollständiger Infanterieausrüstung.

Unseren Weg dorthin unterbrachen wir bei einem Friseur, um bei dem Schnapsfabrikanten einigermaßen ordentlich zu erscheinen. »Rasieren!«, sagte ich. Eigentlich war noch nichts zu rasieren. Aber er hatte wohl Angst vor uns in unserer Montur und rasierte uns, ohne mit der Wimper zu zucken.

Kurt Retzlaff hatte genügend Schnaps aus seiner Fabrik zu Hause. Er gab uns auch einen Koffer, den wir vollpackten. Beim Einsteigen in die Straßenbahn riss leider der Handgriff, und der Koffer fiel auf die Erde. Aus den zerbrochenen Flaschen träufelte der Schnaps und verbreitete in der Bahn seinen »Spezialduft«. Die Fahrgäste konnten nur riechen. Einige hätten vielleicht auch gerne um den Schnapskoffer gekämpft. Das aber wagten sie nicht, wohl wegen unserer Uniform. In der Kaserne wurden wir mit großem Hallo begrüßt. Etwa zwei Drittel der Flaschen waren heil geblieben. Es gab ein großes Besäufnis.

▽

Von Danzig wurden wir nach Stolpmünde verlegt, um dort für den Fronteinsatz wieder »aufgefrischt« zu werden. Es erschien ein Offizier mit kleinem Gefolge zur Operation »Heldenklau«. Unter allen, die wie wir gerade nicht im Kampf waren, sollten die noch Kräftigen und Gesunden herausgesucht werden, um als »Helden« wieder an die Front geschickt zu werden.

▷▷

Sie sollten die Verluste in den kämpfenden Truppen ersetzen. Wir mussten antreten und wurden in Augenschein genommen. Wir zwölf aus unserer Klasse und Einheit müssen so jämmerlich ausgesehen haben – und haben das auch entsprechend durch gutes Schauspielern noch erbärmlicher erscheinen lassen –, dass keiner von uns als künftiger Held geklaut wurde. Wenig später bekamen wir einen Fahrbefehl nach Leipzig.

▷ Die künftigen Offiziere auf Zwischenstation in Stettin

Wir hatten einen Fahrbefehl nach Leipzig. Von unserer Luftwaffenhelfergruppe, das war ja unsere Klasse, waren noch etwa zwölf übrig geblieben. Die anderen waren teilweise gefallen oder verwundet. Wir zwölf sollten zunächst wieder in Stolp (bei Danzig) eingesetzt werden. Das konnten wir aber verhindern. Denn wir haben wohl einen derartig traurigen Gesichtsausdruck gemacht, dass man entschieden hat: Diese Jungs haben jetzt große Erfahrung mit Fronterlebnissen usw. Die sind sehr gut geeignet als zukünftige Offiziere. Die kriegen jetzt alle einen Fahrbefehl nach Leipzig zur Offiziersschule, damit sie da entsprechend ausgebildet werden.

Das war uns recht, denn der Weg nach Leipzig führte über Stettin. Für uns gab es nur eins. Wir mussten sehen, dass wir in unserer Heimatstadt Stettin, eigentlich ja nur eine Durchgangsstation, irgendwie nach Hause kamen. Angeführt wurden wir von unserem Kameraden Götz von Winterfeld. In Thorn hatten wir nämlich alle einen Eid auf Führer und Vaterland geschworen. Damit waren wir keine Luftwaffenhelfer mehr, sondern militärische Rekruten. Das allerdings haben wir verschwiegen. Denn wäre diese Sache ruchbar geworden, wären wir als Deserteure wahrscheinlich an die Wand gestellt worden.

▷

▷ Die erste Entlassung als Soldat – eine Selbstentlassung

Mitte Februar 1945 – am Bahnhof in Stettin – waren wir also in einer etwas undefinierbaren Situation, die wir aber beherrschten. Wir verabredeten nämlich am Bahnhof, die Truppe zu verlassen und nach Hause zu gehen. Dazu mussten wir aber aus dem Bahnhofsbereich rauskommen. Das ging nur, indem unser Führer Götz von Winterfeld zu der Feldgendarmerie an der Sperre sagte, wir müssten Verpflegung fassen. Die Verpflegung war außerhalb des Bahnhofs. Also kamen wir durch die Sperre und waren plötzlich außerhalb des Bahnhofs und standen an der Oder. Die Oder fließt direkt am Bahnhof vorbei. Da haben wir uns dann wieder getroffen.

Unser Kleinster in der Truppe und der Frechste, Puppi genannt, eigentlich hieß er Dams, sagte zu Götz: »Gib mir mal den Fahrbefehl, ich will mir den noch mal ganz genau angucken!« Und Götz gab ihm arglos den Fahrbefehl nach Leipzig. Puppi nahm ihn, zerriss ihn in Stücke und schmiss die Zettel in die Oder. Damit waren wir eigentlich wirklich desertiert. Aber den Nachweis, dass wir Wehrmachtsangehörige im eigentlichen Sinne waren, konnte ja keiner führen, denn alle, die uns in Stettin begegneten, waren bei dem Fahneneid ja nicht dabei gewesen.

Wir hatten einen Plan. Der Vater von Udo Wulff, einem Klassenkameraden, der aus dem Baltikum stammte und ein hoher Marineoffizier im Stab der Wehrmacht in Stettin war, sollte uns den Weg ebnen. Zunächst aber sind wir alle nach Hause, bei Nacht und Nebel. Ich stand vor der Tür, schwer bewaffnet mit Karabiner, Eierhandgranaten an meinem Koppel, sah aus wie ein Partisan und klingelte. Meine Mutter machte die Tür auf und bekam einen Schreck – und war dann voller Freude, mich lebend wiederzusehen. Damit hatten meine Eltern nicht mehr gerechnet. Meine Mutter hatte am 13. Januar 1945 bei ihrer Verabschiedung von mir dasselbe Gefühl wie mein Vater: Stefan sehe ich nie mehr wieder!

MUTTERS FLUCHT AUS STETTIN NACH WESTEN

Wieder zu Hause, bin ich erstmal todmüde ins Bett gefallen. Am nächsten Tag habe ich zu meiner Mutter gesagt: »Du machst dich sofort mit Brigitte – meiner kleinen Schwester – auf die Socken und fährst nach Norden in Ostfriesland!« Dort war der Wohnort der Schwester meiner Mutter, also meiner Tante Gretchen, die verheiratet war mit dem Berufsschuldirektor Conni Heeren.

▽

Schon 1943 hatten wir in der Familie die klare Verabredung: Wenn der Krieg zu Ende geht, treffen wir uns alle an dem westlichsten Ort, der für uns in Frage kam. Das war Norden in Ostfriesland und durch unsere verwandtschaftliche Beziehung dorthin auch realistisch gedacht. Darum habe ich also meiner Mutter gesagt: »Ich habe so viel Schreckliches gesehen. Du musst sofort die Sachen packen und ab nach Norden!« Bei meinem letzten Heimaturlaub Silvester hatte sie nämlich zugesagt, wenn sie mich wiedersehen würde, wolle sie das auch machen. Zum Glück ist sie nun auch bald mit meiner Schwester Brigitte aufgebrochen. Es war beileibe nicht einfach, Stettin zu verlassen mit Sack und Pack, um nach Westen zu fliehen. Das gelang ihr nur, weil ein guter Freund der Familie, der Nervenarzt bzw. Direktor einer Nervenklinik Dr. Heigster, über ein Auto verfügte: einen Dienstwagen, eigentlich sein Privatwagen, der ihm von der Wehrmacht für seine Arztbesuche belassen wurde. Mit diesem Auto und Dr. Heigster am Steuer sind sie dann, an einen Lastwagen angehängt, gen Westen. Mein Vater als Oberfeuerwerker und Leiter des Munitionsdepots in Altdamm, einem Vorort von Stettin, musste bleiben. Ich natürlich auch.

▷

▷ Das gerissene Seil

Für meine Mutter und meine Schwester ist das eine sehr dramatische Flucht gewesen. Es gab für das Auto kein Benzin. Darum ist es mit einem Seil an einen Armeelastwagen gehängt und gezogen worden. Mehrfach riss das Seil unterwegs. Bis das aber der Lastwagenfahrer gemerkt hatte, dauerte es. Er musste dann wieder umdrehen und gegen den Strom zurückfahren. Sie waren ja nicht die Einzigen auf der Straße. Es war sozusagen eine Wolke von Flüchtlingen, die sich auf dem Weg nach Westen bewegte.

Sie sind auf diese Weise, glaube ich, bis nach Schwerin gekommen. Dort erfuhren sie von einem Erlass, dass die Mitnahme von Flüchtlingen in Wehrmachtsfahrzeugen nun verboten ist. Was meiner Mutter und Schwester eben noch glückte, war also das letzte Mal, dass sowas überhaupt noch möglich war. Ab jetzt mussten sie zu Fuß weiter.

Insgesamt war das alles sehr dramatisch. Vor allem für meine kleine Schwester Brigitte, die 1941 geboren worden war. Sie war auf der Flucht etwa vier Jahre alt. Sie sagt bis heute, dass sie alles mitgekriegt habe, auch die Ängste meiner Mutter, die sich auf sie übertrugen. Ich kann mir das sehr gut vorstellen. Also, da müssen bei einem kleinen Mädchen nachhaltige Ängste geblieben sein.

Nach vierzehn Tagen sind die beiden in Norden in Ostfriesland gelandet und waren damit gerettet.

▷ **Brigittes Erinnerungen an die Flucht**

Ich habe meine Schwester Brigitte gebeten, doch einmal ihre Erinnerungen an diese Flucht aufzuschreiben. Das hat sie getan:

»Ich wurde am 5.7.1941 in Stettin geboren. Ich kam vier Wochen zu früh. Warum meine Eltern den Mut hatten, mich zu diesem Zeitpunkt auf die Welt zu bringen – nachdem sie auch wegen der Nürnberger Gesetze dreizehn Jahre keine Kinder haben wollten – ist mit rätselhaft. Ich kam im Alter von drei Wochen das erste Mal in einen Luftschutzkeller. Als ich drei Jahre alt war, so erinnere ich es, hat sich mein Vater schützend über mich gelegt, was ich als sehr beängstigend erlebt habe. Ich soll immer gerufen haben: »Alles paputt!«

Bei einem Luftangriff wollte meine Mutter mit mir auf dem Arm in einen öffentlichen Luftschutzkeller. Aber man ließ uns nicht rein. Später hatten wir dann selbst einen Luftschutzkeller in unserem Reihenhaus. Meine Mutter war der Überzeugung, dass die vorrückende russische Armee bei einer Frau jüdischer Abstammung keine Rache oder Vergeltung üben würde. Mein Bruder Stefan klärte sie auf, dass dies ein Irrtum wäre.

Am ersten Tag unserer Flucht im Februar 1945 schloss meine Mutter die Haustür ab, obwohl sie wusste, dass wir nicht zurückkehren würden. Den ersten Teil unserer Flucht nach Norden in Ostfriesland haben wir in einem grauen Volkswagen gesessen, der mit einem Seil an einem Lastwagen angehängt war. (Denn es gab zu diesem Zeitpunkt kein Benzin mehr.) Ein befreundeter Arzt steuerte das Auto. Und dann geschah etwas Furchtbares. Das Seil riss ab, und wir blieben liegen. Der LKW fuhr ohne uns weiter. Der ganze Flüchtlingsstrom zog an uns vorbei. Nach einiger Zeit kam der LKW wieder zurück, und unser Auto wurde wieder mit dem Seil verbunden. Aber es riss wieder. Ich erinnere mich, dass das mehrere Male passierte und dass der Zeitraum, in dem wir warten mussten, immer länger wurde. Meiner Mutter und mir machten die Probleme große Angst. Wir kamen bis Schwerin. Meine Mutter glaubte, dass der Besitzer des VWs uns in seiner Privatwohnung unterbringen würde. Sie war sehr enttäuscht, als er uns in ein Flüchtlingslager brachte.

Es war eine riesige Halle mit einem kalten steinigen Boden. Meine Mutter hatte zwei Wintermäntel übereinander angezogen. Sie breitete den einen auf dem Boden aus, und mit dem anderen deckte sie uns zu. Unter den Menschen in Raum waren einige sehr schwer krank. Sie hatten hohes Fieber. Es war wohl Typhus.

Am nächsten Tag ging es zu Fuß weiter. Meine Mutter hatte schweres Gepäck: eine elektrische Nähmaschine und eine Schreibmaschine, weil sie glaubte, damit später Geld verdienen zu können, falls mein Vater nicht aus der Kriegsgefangenschaft zurückkommen würde. Zum Glück waren immer wieder junge Soldaten bereit, uns zu helfen.

Eine Teilstrecke fuhren wir auch mit der Eisenbahn. Leider gab es Tieffliegerangriffe. Alle Fahrgäste mussten schnell aus dem Zug in die Gräben links und rechts springen. Als wir die Elbe erreichten, waren alle Brücken zerstört. Wir überquerten den Fluss in einem kleinen Boot, das als Fähre diente. In Hamburg hatte meine Mutter gehofft, dass wir bei Verwandten übernachten könnten. Ich erinnere mich, dass unser Erscheinen einen großen Schrecken auslöste, weil sie schon andere Flüchtlinge aufgenommen hatten.

Unsere Flucht dauerte vierzehn Tage. Im Einfamilienhaus meiner Tante in Norden wohnten wir zusammen mit zwölf Personen. Nach einigen Wochen kamen auch mein Vater und mein Bruder dazu. Die Freude war groß.«

VOM KRIEGSDIENST ZUM REICHSARBEITSDIENST

▷ **Das Weinlager**

Ich musste in Stettin bleiben, wohnte in unserem Haus und wartete auf den Einberufungsbefehl zum Reichsarbeitsdienst. Die vierzehn Tage Wartezeit nutzte ich, um zu meiner Ärztin zu gehen. Sie hat mich untersucht und gesagt: »Es ist alles in Ordnung, bist ein bisschen mager, ich besorg mal extra Lebensmittelkarten für dich!« Davon habe ich einmal meine Freunde eingeladen. Wir haben im Atelier meines Vaters einen lustigen Abend verbracht und die restlichen Weinflaschen aus dem Keller geleert.

▷ **Spaten und Kochgeschirr**

Bis Ende Februar 1945 waren das nochmal schöne Tage in Stettin. Dann kam die Einberufung zum Reichsarbeitsdienst. Irgendwo in Mecklenburg, an den Ort kann ich mich nicht mehr erinnern. Reichsarbeitsdienst (RAD) war im Grunde genommen militärisch strukturiert. Vor dem Krieg war es ja so, dass man ein Jahr RAD machen musste, bevor die Wehrpflicht griff. Bei mir war es eigentlich genau umgekehrt: erst Kriegsdienst und dann Reichsarbeitsdienst. Statt eines Karabiners hatte ich nun einen Spaten auf der Schulter. Mit dem musste ich exerzieren, schippen, graben und Schützengräben ausheben. Im Grunde war es so, dass wir eine infanteristische Ausbildung bekamen, mit viel Exerzieren auf dem Kasernenhof usw. Das fand ich nicht toll. Als ein Bursche gesucht wurde für den Arbeitsdienstführer, habe ich mich darum sofort freiwillig gemeldet.

Das war sehr gut. Ich habe dessen Bett und »Dienstmädchenarbeit« machen müssen. Dabei konnte ich aus dem Fenster seines Zimmers zusehen, wie meine Kameraden auf dem Kasernenhof »geschliffen« wurden, so nannte man die militärische Ausbildung.

Naja, und dann hatte ich noch einen zweiten Job. Für die Küche wurde eine Hilfe gesucht zum Reinigen der Essenstöpfe. Ich hatte ein gutes Verhältnis zu dem Koch, und bevor ich angefangen habe zu reinigen, konnte ich die Reste in das Kochgeschirr füllen und für meine hungrigen Kameraden mitnehmen. Also, ich habe schon versucht, die RAD-Zeit so angenehm wie möglich zu überstehen.

▷ Zwischen den Fronten – Fahrradkundschafter auf der Flucht

Dann wurde es doch wieder hochdramatisch. Es muss im April 1945 gewesen sein, als sich irgendjemand überlegt hatte, dass wir Berlin retten müssten. Das war nicht so einfach, als Truppe aus Mecklenburg rauszukommen. Gott sei Dank, sage ich heute, für die vielen Behinderungen. Wir mussten uns immer wieder eingraben in Einmannschutzgräben, damit wir uns gegen Panzerangriffe schützen und wehren konnten. Militärisch war das ganze Vorhaben Quatsch.

▽

Eines Tages wurde ein Stoßtrupp gesucht, der feststellen sollte, wo eigentlich der Frontverlauf ist. Wir waren ja sozusagen zwischen den Russen und den Amerikanern in diesem noch von Deutschen gehaltenen Abschnitt. Und nun wollten alle wissen, wo eigentlich die Russen sind, damit sie denen nicht in die Arme laufen. Also habe ich meinen Freund Peter Block angestoßen, und er hat sofort begriffen. Wir haben uns beide freiwillig für diesen Stoßtrupp gemeldet, heldenartig. Im Hinterkopf hatten wir natürlich was ganz anderes. Wir bekamen jeder ein Fahrrad als Kundschafter, wurden losgeschickt und sollten zurückkommen, um zu melden, wo die Russen stehen. Wir sind aber nicht nach Osten gefahren, sondern nach Westen.

▷ **Die amerikanische Gefangenschaft**

Auf der Suche nach dem Frontabschnitt der Amerikaner befanden wir uns innerhalb des in Auflösung befindlichen deutschen Abschnitts. Hier entdeckten wir Geräte und Lastwagen, die voller Lebensmittel waren, die an die vorbeiflutenden Soldaten verteilt wurden. Auf diese Weise hatte ich bei meiner Gefangennahme zwei Kommissbrote, Würste und mein Kochgeschirr bis zum Rand gefüllt mit Zucker. Diese Lebensmittelgrundlage half mir, die erste Zeit in der Gefangenschaft zu überstehen. Denn wir sind dann auch prompt den Amerikanern in die Arme gelaufen und waren plötzlich in amerikanischer Gefangenschaft.

▷ **Die zweite Entlassung – die amerikanische**

Auf dem Weg in das Gefangenenlager begegneten uns schon die aufgelösten deutschen Truppen. Zum Beispiel aber auch Verpflegungshilfeeinheiten, die Kommissbrote an die Tausenden von Soldaten verteilten, die sich da auf der Straße bewegten. Frauen kamen aus den Häusern und brachten gebackene Eierkuchen. Wie die hungrigen Tiere sind wir auf die los, haben denen alles weggerissen. Die Frauen waren völlig konsterniert. Aber wir waren total verhungert und mussten uns ja selbst verpflegen.

Die Amerikaner haben uns Jungs kurz angeguckt und dann gesagt, wir sollten zu dem zuständigen Gemeindevorsteher gehen – den Ort weiß ich nicht mehr – und uns Entlassungspapiere ausstellen lassen. Der jüngste von uns hatte noch keinen Stimmbruch, wir sahen aus wie Kinder, nicht wie Soldaten. Die Amerikaner waren sehr nett.

So kriegten wir also die Entlassungspapiere. Ich bekam einen Entlassungsschein nach Norden in Ostfriesland.

▷

▷ Von der amerikanischen Entlassung in englische Gefangenschaft

Wir waren ja in Mecklenburg, etwas nördlich von Berlin. Am Straßenrand standen verlassene Wehrmachtsfahrzeuge. Wir haben uns einen Lastwagen geschnappt, einer von uns hatte wohl einen Führerschein, und sind Richtung Westen gefahren. Nach etwa zehn Kilometern standen plötzlich Engländer auf der Straße und winkten uns »aussteigen«. Wir wurden auf eine große Pferdekoppel gebracht. Da waren schon Hunderte, um nicht zu sagen Tausende von Gefangenen. Die Koppel war mit Stacheldraht gesichert und von den Engländern bewacht. Also war ich wieder in Kriegsgefangenschaft, aber in einer ziemlich rigorosen. Die Engländer waren nicht so freundlich wie die Amerikaner, haben unsere Entlassungspapiere auch überhaupt nicht anerkannt. Auf dieser Koppel haben wir die nächsten vierzehn Tage verbracht. Ab und zu wurden mal von einem Jeep Brote oder Verpflegung in die Menge geschmissen. Wer Glück hatte, kriegte irgendwie ein Brot, wer Pech hatte, ging leer aus. Nachts haben wir ein Feuerchen gemacht und kleine Erdlöcher gegraben. Es war ziemlich kalt. Um nicht beklaut zu werden, schlief ich mit einem Kommissbrot unter dem Koppel am Bauch und benutzte das andere als Kopfkissen. Wenn ich dann eine Scheibe abgeschnitten hatte, wurde das Kopfkissen ein bisschen kleiner. Eines Morgens war das Kommissbrot weg. Jemand hat es mir nachts geklaut.

▷ Hunger – Brennnesselsalat

Schließlich wurde das Lager aufgelöst. Wir sollten nun nach Schleswig-Holstein. Auf einem Fußmarsch mit Hunderten von Kriegsgefangenen. Durch Lübeck weiter nach Norden über den Nord-Ostsee-Kanal. Der markierte ja eine natürliche Grenze. Irgendwann gelangten wir zu einem Gutshof, der als Gefangenenlager rekrutiert wurde. Ich hatte eine Schlafstelle im Kuhstall. Wir hatten immer riesigen Hunger und wussten nicht, wie wir den stillen sollten: Ich habe Brennnesseln gesammelt und mir einen Salat gemacht. Die Verwaltung des Lagers hatten die Engländer in die Hand deutscher Offiziere gelegt. Offensichtlich meinten sie, die Deutschen sind strenger als sie selbst.

▷ Hunger – Rübenschnitzel

Auf dem Dachboden einer Scheune hatte ich Rübenschnitzel von Zucker-
rüben entdeckt. Die waren getrocknet, knackig und schmeckten gut. In
meinem Hunger habe ich sie in mich reingestopft. Die Folge war, dass sich
mein Bauch aufblähte zu einem luftballonähnlichen Gebilde. Ich musste
nachts raus auf den Hof, lief dort einem Wachmann in die Arme und kotzte
ihm die gesamten Rübenschnitzel vor die Füße. So kam ich für zwei Tage
ins Lazarett, bis mein Magen wieder in Ordnung war. Hier gab es sogar ein
besseres Essen.

▷ Landwirtschaftlicher Helfer mit Englischkenntnis

Zu meinem Glück fand ich dann eine angenehme Aufgabe. Ein Captain fragte,
wer landwirtschaftlicher Arbeiter sei und Englisch konnte. Als Knecht hatte
ich ja 1943 ein halbes Jahr auf einem Hof in Gummin gearbeitet. Englisch
konnte ich zwar nicht gut, aber mein bester Freund Peter Block war firm.
Sein Vater war im Ersten Weltkrieg in englischer Gefangenschaft gewesen,
wurde danach Englischlehrer und hatte seinem Sohn Englisch beigebracht.
Wir beide haben uns also mit hochgerissenem Arm gemeldet. Wenn man
den Arm so streckt, sieht es aus, als ob man den deutschen Gruß macht.
Der Captain hat uns niedergemacht, diese Zeit wäre vorbei, jetzt grüßen
wir mit der Hand an der Mütze. Bis er begriff, dass wir beide uns für diesen
Job gemeldet hatten, hat es ein bisschen gedauert. Wir wurden zu einem
Lastwagen-Jeep gebracht. Im Führerraum saßen zwei Engländer, und wir
beide sind hinten auf die Ladefläche.

▷ Bademeister

Mit den zwei Tommys sind wir nun über die Dörfer gefahren, um Zinkwannen zu requirieren. Wir haben uns gewundert, was das wohl sollte. Wir
beide mussten das mit den Bauern regeln. Bald waren wir eingefuchst. So
boten wir manchmal an: »Ihre eine Zinkwanne können Sie behalten, wenn
wir dafür zehn Eier kriegen!« Das System funktionierte.

Die beiden englischen Soldaten waren sehr fair. Bevor wir wieder ins Lager fuhren, hielten sie an und haben die Eier mit uns brüderlich, kameradschaftlich geteilt. Am nächsten Tag sind wir dann dahintergekommen, was dieses ganze Manöver sollte. Die Zinkwannen wurden auf die Wiese hinter dem Gutshof gebracht und auf Backsteine gestellt. Unter den Wannen mussten wir ein kleines Feuer machen, Wasser in die Wanne gießen und aufwärmen. Dann erschienen die englischen Offiziere, vielleicht waren es auch die unteren Dienstgrade, nackt mit ihrer etwas typisch rötlichen Haut, und setzten sich in die Zinkwannen. Wir mussten ihnen den Rücken schrubben usw. So waren wir etwa vierzehn Tage lang Bademeister.

Das hatte den schönen Vorteil, dass wir die Seife mitnahmen, die sie daließen. Wenn wir am späteren Nachmittag ins Lager kamen, waren wir sehr willkommen, denn wir hatten immer was zum Tauschen. Nach vierzehn Tagen hatten wir ein schönes Deputat von Seifen, englischer Seife.

▷ Die dritte und endgültige Entlassung – die englische

Darauf kam ich in ein anderes Lager, wieder ein offenes Lager in einem Wald. Wahrscheinlich in der Nähe von Marienwohlde. Das kann ich aber nicht mehr genau sagen, auf jeden Fall war es noch in Schleswig-Holstein. Dort wartete ich mit etlichen anderen auf unsere Entlassung. Das hat ein paar Tage gedauert. Es war schlechtes Wetter, das weiß ich noch, und sehr unangenehm. Aber dann ging es los: Ich wurde aufgerufen und musste mich zu einem Haus begeben, wo meine Personalien festgestellt wurden. »Hat jemand Ahnung von Landwirtschaft?«, wurde gefragt. Sofort habe ich mich gemeldet, denn ich hatte ja als landwirtschaftlicher Helfer monatelang in Gummin gearbeitet und zum anderen gedacht: Landwirtschaft bedeutet Essen und wahrscheinlich Westen. So bekam ich meinen Entlassungsschein mit der Berufsbezeichnung »Landarbeiter«.

Diesen Entlassungsschein habe ich heute noch. Dann hieß es, dass wir am nächsten Tag zusammen mit anderen nach Norden in Ostfriesland gefahren würden.

CONTROL FORM D.2
Kontrollblatt D.2

2

CERTIFICATE OF DISCHARGE
Entlassungsschein

ALL ENTRIES WILL BE MADE IN BLOCK LATIN CAPITALS AND WILL BE MADE IN INK OR TYPE-SCRIPT.	I PERSONAL PARTICULARS Personalbeschreibung

Dieses Blatt **muss** in folgender weise ausgefüllt werden:
1. In lateinischer Druckschrift und in grossen Buchstaben.
2. Mit Tinte oder mit Schreibmaschine.

SURNAME OF HOLDER ....
Familienname des Inhabers

DATE OF BIRTH   21. JUN. 1928
Geburtsdatum (DAY/MONTH/YEAR)
Tag/Monat/Jahr)

CHRISTIAN NAMES ....STEFAN
Vornamen des Inhabers

PLACE OF BIRTH   STETTIN
Geburtsort

CIVIL OCCUPATION ...LANDARBEITE
Beruf oder Beschäftigung

FAMILY STATUS—SINGLE   † Ledig
Familienstand   MARRIED   Verheiratet
      WIDOW(ER)   Verwitwet
      DIVORCED   Geschieden

HOME ADDRESS Strasse ....
Heimatanschrift   Ort HÖRDEK

NUMBER OF CHILDREN WHO ARE MINORS
Zahl der minderjährigen Kinder KEINE

Kreis ....

Regierungsbezirk/Land
...DANZIG

I HEREBY CERTIFY THAT TO THE BEST OF MY KNOWLEDGE AND BELIEF THE PARTICULARS GIVEN ABOVE ARE TRUE.
I ALSO CERTIFY THAT I HAVE READ AND UNDERSTOOD THE "INSTRUCTIONS TO PERSONNEL ON DISCHARGE" (CONTROL FORM D.1).
SIGNATURE OF HOLDER   Stefan Schwerdtfeger
Unterschrift des Inhabers

Ich erkläre hiermit, nach bestem Wissen und Gewissen, dass die obigen Angaben wahr sind. Ich bestätige ausserdem, dass ich die "Anweisung für Soldaten und Angehörige Militär-ähnlicher Organisationen" u.s.w. (Kontrollblatt D.1) gelesen und verstanden habe.

II
MEDICAL CERTIFICATE
Ärztlicher Befund

DISTINGUISHING MARKS ....
Besondere Kennzeichen

DISABILITY, WITH DESCRIPTION
Dienstunfähigkeit, mit Beschreibung   KEINE
      ARBEITSFÄHIG

MEDICAL CATEGORY ....
Tauglichkeitsgrad

I CERTIFY THAT TO THE BEST OF MY KNOWLEDGE AND BELIEF THE ABOVE PARTICULARS RELATING TO THE HOLDER ARE TRUE AND THAT HE IS NOT VERMINOUS OR SUFFERING FROM ANY INFECTIOUS OR CONTAGIOUS DISEASE.

Ich erkläre hiermit, nach bestem Wissen und Gewissen, dass die obigen Angaben wahr sind, dass der Inhaber ungezieferfrei ist und dass er keinerlei ansteckende oder übertragbar Krankheit hat.

SIGNATURE OF MEDICAL OFFICER ....Moser
Unterschrift des Sanitätsoffiziers

NAME AND RANK OF MEDICAL OFFICER
IN BLOCK LATIN CAPITALS   Dr. MOSER, HEINZ
Zuname/Vorname/Dienstgrad des Sanitätsoffiziers
(In lateinischer Druckschrift und in grossen Buchstaben)   STABSARZT
P.T.O.
Bitte wenden

† DELETE THAT WHICH IS INAPPLICABLE
Nichtzutreffendes durchstreichen

P88 2196 4 48 1000m

Entlassungsschein aus englischer Kriegsgefangenschaft (Vorderseite), 1945

▷

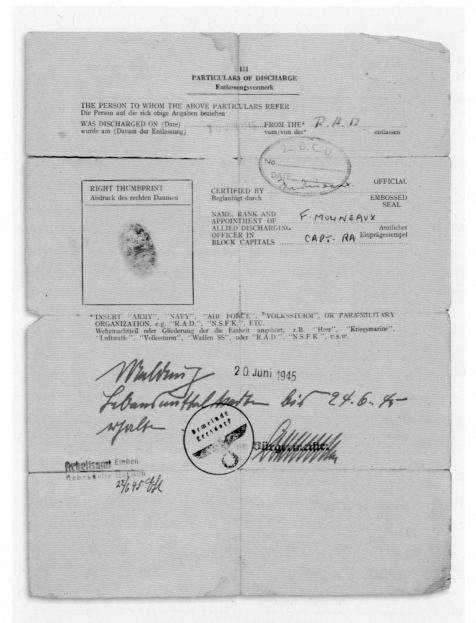

III

PARTICULARS OF DISCHARGE
Entlassungsvermerk

THE PERSON TO WHOM THE ABOVE PARTICULARS REFER
Die Person auf die sich obige Angaben beziehen

WAS DISCHARGED ON (Date) .... FROM THE* *R.A.D*
wurde am (Datum der Entlassung)   vom/von der*   entlassen

		OFFICIAL
RIGHT THUMBPRINT	CERTIFIED BY	
Abdruck des rechten Daumen	Beglaubigt durch	EMBOSSED
		SEAL
	NAME, RANK AND	*F. MOLINEAUX*
	APPOINTMENT OF	
	ALLIED DISCHARGING	Amtlicher
	OFFICER IN	*CAPT. RA* Einprägestempel
	BLOCK CAPITALS	

*INSERT "ARMY", "NAVY", "AIR FORCE", "VOLKSSTURM", OR PARA-MILITARY
ORGANIZATION, e.g. "R.A.D.", "N.S.F.K.", ETC.
Wehrmachtteil oder Gliederung der die Einheit angehört, z.B. "Heer", "Kriegsmarine",
"Luftwaffe", "Volkssturm", "Waffen SS", oder "R.A.D.", "N.S.F.K.", u.s.w.

Entlassungsschein aus englischer Kriegsgefangenschaft (Rückseite), 1945

NACHKRIEGSZEIT

▷ **Marktplatz in Norden**

Wir waren eine Gruppe von vielleicht zwanzig Personen, die dem gesamten Landkreis Norden in Ostfriesland zugeteilt wurden. Ich selbst hatte ja Glück, dass ich nun direkt nach Norden kam. Der Ort, wo wir uns als Familie nach dem Krieg alle treffen wollten.

Auf dem Marktplatz in Norden hieß es: »Aussteigen!« und »Danke schön, auf Wiedersehen!«. Da stand ich nun. In Erinnerung hatte ich, dass meine Tante in der Adolf-Hitler-Straße wohnte. Aber ich traute mich nicht, jemanden zu fragen, wo die Adolf-Hitler-Straße sei. Dass nach dem Ende des Nazireiches und des Krieges eine Straße nicht mehr so heißen konnte, war mir schon klar. Aber wieder hatte ich Glück. Ich war kurz, vielleicht zehn Minuten, beschäftigt mit der Frage, was ich nun machen könne. Da begegnete mir per Zufall – oder war es gar kein Zufall? – mein Onkel Arthur, der ältere Bruder meiner Mutter. Auch er hatte den Krieg überlebt und war ebenfalls nach seiner Entlassung nach Norden gekommen, wo seine Frau schon früher hingegangen war.

Seit 1943 war er in einem Kalibergwerk interniert, unter Bedingungen fast wie in einem Konzentrationslager. Von diesem Schicksal wusste ich natürlich in dem Augenblick damals nichts. Dieser Onkel Arthur begegnete mir also auf der Straße. Er hat sich gefreut, dass ich noch am Leben war, und ich habe mich vor allem gefreut, dass er noch am Leben war.

▷

▷ »Stefan ist da!«

»Komm mal mit, jetzt gehen wir zu deiner Mutter, die ist ja auch schon hier. Deine Tante Hilde mit deinen beiden Vettern, die ganze Familie, alle sind schon da!« Auf unserem Weg zum Wohnhaus meiner Verwandtschaft begegneten uns meine Cousine Ingeborg und mein Cousin Peter. Ingeborg war eine Tochter von Tante Gretchen, und Peter war der Sohn von Arthur Hanau. Die sahen mich, drehten auf dem Hacken um, liefen ganz schnell nach Hause: »Stefan ist da, Stefan ist da!« Daraufhin kriegte Peter von seiner Mutter erstmal eine anständige Backpfeife, weil die ständig dieses Spiel spielten: »Stefan ist da!« Nun aber stimmte es ja.

Die Freude war groß, obwohl ich noch meine verdreckte Uniform anhatte und nicht so appetitlich anzuschauen war. Also haben die drei Frauen, Tante Gretchen, Tante Hilde und meine Mutter, eine Zinkwanne im Garten aufgestellt und mich erstmal richtig von oben bis unten abgeschrubbt. Dann habe ich eine alte Hose von meinem Onkel Conni gekriegt, damit ich endlich aus dieser Uniform rauskam.

Von da an begann für unsere Familie nun auch der Frieden. In den nächsten Tagen meinte mein Onkel Conni, der Berufsschullehrer: »Das Beste ist, du lernst ein Handwerk!« Er schwor nämlich auf das Handwerk. »Stefan! Handwerk hat goldenen Boden!«

Im Prinzip hatte ich nichts dagegen. Obwohl ich ja eigentlich Medizin studieren wollte. Mein Vater jedoch dachte eher an ein Architekturstudium. Viele machten sich nun Gedanken um meine Zukunft.

ZUKUNFTSPLÄNE

▷ **Lehrling bei Tischlermeister »Sandpapier«**

Onkel Conni setzte sich durch und empfahl mir eine Lehre bei dem Nordener Tischlermeister Sandomir, genannt »Sandpapier«. Ich wurde nun ein richtiger Lehrling. Hatte den Leimofen ständig zu befeuern – der Leim musste damals richtig gekocht werden –, die Werkstatt auszufegen und solche Nebentätigkeiten auszuführen. Ich war eben Lehrling im ersten Lehrjahr. Die älteren Lehrlinge freuten sich, dass sie das jetzt nicht mehr tun mussten.

»Sandpapier« hatte noch einen Meister, der kurz davor war, sich selbständig zu machen. Für den musste ich klauen. Die Werkstatt lag an einem Seitenweg. Nach Feierabend, wenn ich ausgefegt hatte, klopfte er an das Fenster. Als ich das Fenster aufmachte, sagte er: »Ich hab da so ein kleines Papierchen liegen, das kannst du mir eben rausreichen«. Ich wusste schon, was da drin war: zum Beispiel Rechnungen und Kostenvoranschläge. Auf diese Weise hat er sich seine Kenntnisse und Basis für die Selbständigkeit verschafft. Ab und zu musste ich in meiner blauen Tischlerschürze mit der Karre in die Stadt fahren, um irgendwas auszuliefern, einen kleinen Nachtschrank oder ein Tischchen. Die blaue Tischlerschürze nimmt man dann nicht ab, sondern faltet sie zu einem Dreieck so unter das Jackett, dass sie noch ein bisschen zu sehen ist. So kommt man dann zur Kundschaft und sagt »Ich komme von Firma Sandomir und bringe Ihnen ... das oder das«. Ja, und manchmal kriegte ich auch ein Trinkgeld.

▷

▷ Und wieder Schule

Das war mein Leben als Tischlerlehrling bis November 1945. Dann fing wieder ein normaler Schulunterricht an. Mein Vater, meine Eltern, aber auch ich waren der Meinung, dass mein Reifevermerk, den ich ja hatte, vielleicht doch nicht ganz ausreichend wäre für ein Studium. So haben wir gemeinsam beschlossen, dass ich nochmal richtig zur Schule gehe. Ich erinnere mich an diese Schulzeit in Norden deshalb besonders, weil ich dort meine ersten Liebschaften hatte. Es war nämlich eine gemischte Klasse. So etwas war ich nicht gewohnt, denn in Stettin besuchte ich ja eine reine Jungenoberschule.

▷ Onkel Arthurs Maisbrote und Care-Pakete

Im Januar 1946 stand plötzlich ein Jeep mit Amerikanern vor der Tür von Tante Gretchens Haus. Sie hatten erfahren, dass mein Onkel Arthur in Norden war. Wie sich herausstellte, waren es gute alte Freunde von ihm. Arthur Hanau hatte schon früh starke Beziehungen zu Wissenschaftlern in den USA. Sie wollten ihn abholen, weil sie ihn dringend in Berlin brauchten. Er sollte mithelfen, die deutsche Ernährung für die vielen Millionen Hungernder wieder in Gang zu bringen. Er verließ uns nun Richtung Berlin. Und tatsächlich war er maßgeblich an diesem Programm beteiligt. Wir alle, die diese Zeit des Hungers und der Nachkriegsnot erlebt haben, müssen ihm heute noch dankbar sein. Eigentlich ganz Deutschland! Er hat nämlich den Amerikanern beigebracht, dass das Beste wäre, was sie tun könnten, uns Maismehl zu verkaufen oder zu spenden. Auch in die Idee der Care-Pakete war er involviert. Alle diese Maßnahmen führten dazu, dass ganz Deutschland sich mit Maisbrot ernähren konnte. Auf diesen Beitrag meines Onkels Arthur Hanau bin ich heute noch stolz.

Er hat dann Karriere gemacht und bekam eine Professur in Göttingen an der Universität und war jahrelang Ordinarius für die landwirtschaftliche Marktforschung. Er hat dieses Fach überhaupt erst kreiert. Er ist dann in Göttingen geblieben, in einem schönen Haus. Ihm ist es gut gegangen. Ein gerechter Ausgleich für viele Diskriminierungen in der Nazizeit.

VON NORDEN NACH ALFELD

Stefan und Vater Kurt im Garten in Alfeld, 1950

▷ Ein »Grimme-Preis« sozusagen

Mein Vater war der nächste, der uns in Norden verließ und eine Stelle bekam. Verantwortlich dafür war Adolf Grimme. Adolf Grimme, ein angeheirateter Verwandter von uns – eine Cousine meiner Mutter war seine erste Frau gewesen –, war der erste Kultusminister nach dem Krieg in Niedersachsen. Grimme hat die Pädagogische Hochschule in Alfeld mitgegründet. Das war eigentlich eine katholische Hochschule. Aber er meinte, dass auch ein Protestant in das neue Kollegium gehört. So ist er auf die Idee gekommen, meinen Vater mit seiner guten Ausbildung am Bauhaus als Professor für Kunsterziehung an die Hochschule in Alfeld zu holen.

Mein Vater, wir alle haben uns gefreut, dass er wieder einen Job hatte. Ich weiß noch, wie wir diskutiert haben, wo dieses Alfeld liegt. Schließlich haben wir im Lexikon nachgeguckt. Da stand »Alfeld – die Perle des Leinetals«. Also, so ganz schlecht kann das ja nicht sein. Allerdings war es auch nicht so ganz »perlig«. Denn es gab dort eine Papierfabrik. Wenn die Papier fabrizierte, dazu war wohl Schwefel nötig, stank die ganze Stadt nach Schwefel. Man konnte kaum atmen, so stark war die Luft verpestet. Dann war die Stadt von »Perle« weit entfernt. Aber das war ja nicht jeden Tag so.

▷

Stefan und ein Mitschüler auf der ersten Hannover Messe, 1948

▷   Das zweite Abitur

Mein Vater bekam in Alfeld vorübergehend eine kleine Dienstwohnung in der Seminarstraße zugewiesen. Die eigentlich vorgesehene war noch belegt. Darum sind meine Mutter und meine Schwester vorerst in Ostfriesland geblieben. Die Dienstwohnung in einem Fachwerkhaus nahe der Pädagogischen Hochschule war nicht toll. Früher war es ein Seminar für die Lehrerausbildung gewesen. Dort hatte dann mein Vater aber im Keller wieder ein Atelier bekommen und seine Steine geklopft.

▽

Ich bin im April 1946 alleine zu meinem Vater nach Alfeld gezogen. Dort musste ich ja weiter zur Schule gehen. Als mein Vater mich bei dem Gymnasium anmelden wollte, traf er auf den stellvertretenden Direktor Mingo Groß – der frühere Direktor war als alter Nazi entlassen worden. Oberstudienrat Mingo Groß aber sagte nur: »Ich kann Ihren Sohn nicht aufnehmen, die Klassen sind voll.« Daraufhin mein Vater: »Wenn Sie meinen Sohn nicht aufnehmen, dann gibt es hier einen Wahnsinns-Ärger, das kann ich Ihnen sagen!« Da hat er wohl Angst gekriegt. Mein Vater konnte sehr direkt sein. Unter diesen Vorzeichen bin ich in die Klasse als Neuer gekommen. Meine Leistungen waren ein bisschen besser als in Stettin, aber ein Überflieger wurde ich auch hier nicht. In Deutsch allerdings bekam ich erstmals eine Eins. Offensichtlich konnte ich sehr gut Aufsätze schreiben.

▷ Eva – der erste Eindruck

Es gab auch in Alfeld Klassenliebschaften, die bezogen sich nicht unbedingt auf Eva. Eva war eine Mitschülerin. Sie war Klassenbeste mit sehr guten Noten in Mathe, Physik und Naturwissenschaften. Das imponierte mir irgendwo. Eva bekam, weil sie schon immer sehr dünn war, vom Schularzt Suppe und Schulspeisung verordnet. Ich dagegen ging leer aus wegen meiner kräftigen Knochen. Daraufhin hat Eva, die mich wohl ganz gerne mochte, mir ihre Suppe gegeben. »Also, wenn du willst, kannst du die haben. Ich brauche keine, weil ich gleich zu Hause noch zu essen bekomme.« Oder: »Ich habe hier noch ein Stückchen Schokolade für deine kleine Schwester«. Das hat sie ein paar Mal gemacht.

Aber damals sind wir uns noch nicht nähergekommen. Bis zur Abiturfeier. Für die Abiturfeier musste man zusehen, dass man jemanden fand, mit dem man zusammen diese Feier durchsteht. So habe entweder ich sie oder auch sie mich – das weiß ich gar nicht mehr – gefragt, ob wir nicht zusammen zur Abiturfeier gehen könnten.

▽

Hierzu fällt mir auf, dass der Name Eva eine große Rolle in meinem Leben und unserer Familie spielt. Meine Frau hieß Eva-Luise, die Frau meiner Cousins Peter und Klaus Hanau hießen Eva-Charlotta bzw. Eva. Und dann gab es ja auch noch Eva von Rothschild (Hanau).

Eva Blume und Stefan, 1949

▷

EINE NEUE PERIODE

▷ **Stefan und Eva**

Der Sommer 1948 war in jeder Weise für mich bedeutsam. Nach meinem zweiten – nun »normalen« – Abitur im April 1948 beschäftigten mich besonders zwei Themen: die Herzensangelegenheit »Eva« und die Lebensfrage »mein zukünftiger Beruf«. Mit Eva bin ich zwei Jahre lang in einer Klasse gewesen. Aber nun nach dem Abitur wurde sie doch mehr als eine Schulfreundin. Sie wurde meine echte erste Liebe. Und es beruhte auf Gegenseitigkeit. Ich habe diese junge Liebe sehr genossen.

▷ **Romantik und Schutzbedürfnis**

Eva und ich sind als Verliebte damals viel durch die Alfelder Wälder spazieren gegangen. Aber meine Kriegserfahrungen steckten noch in mir. Jede Landschaft habe ich unter dem Aspekt betrachtet, wo ich Schutz finden kann vor Fliegerangriffen. Oft habe ich zu Eva gesagt: »Guck mal, da in diesem Graben hätte ich eine gute Deckung gehabt!« Ich weiß noch, dass sie das immer sehr berührt hat. Aber ich konnte mir auf diese Weise Luft machen und tatsächlich langsam meine Kriegserlebnisse vergessen. Andere Dinge drängten nun allmählich in den Vordergrund. Eva ist damals eine Art »Katalysatorin« für mich gewesen. Denn sie hatte Verständnis für mein Verhalten.

Und dann mussten wir uns gegenseitig noch etwas eingestehen: Ich habe zu ihr gesagt: »Weißt du, meine Vorfahren mütterlicherseits waren Juden. Du weißt, was das in der Nazizeit bedeutet hat!« »Ja«, sagte sie, »und ich bin ein Kind aus einer geschiedenen Ehe. Du weißt, wie so etwas beurteilt wird!« Das empfanden wir als eine Art Balance zwischen uns beiden.

▷ **Evas Berufsträume – weit weg von Alfeld**

Bei solchen Spaziergängen haben wir natürlich auch über unsere Berufsvor-
stellungen gesprochen. Eva hatte ziemlich klare Vorstellungen. Evas Mutter
war, bevor sie Sportlehrerin an der Helene-Lange-Schule in Hannover wurde,
Krankengymnastin. Das hat vielleicht dazu beigetragen, dass Eva genau
diesen Beruf ergreifen wollte.

Wir alle haben uns dagegen gewundert, warum sie nicht Medizin studieren wollte. Denn sie hatte ja ein exzellentes Abiturzeugnis. »Nein«, hat
sie zu mir gesagt, »ich möchte gerne was Praktisches machen. Ich habe keine
Lust, jetzt ein Studium zu beginnen. Ich mache eine Ausbildung. Und zwar
weit weg von Alfeld, in Freiburg im Breisgau. Dort ist Hede Leube!« Hede
Leube gilt als Mitentwicklerin der modernen Krankengymnastik und Binde-
gewebsmassage. Sie leitete damals die Krankengymnastikschule und -aus-
bildung in Freiburg. Da wollte Eva hin.

Die Aufnahme dort ist ihr gelungen. Zwei Jahre lang hat sie in Freiburg
ihr eigenes Leben geführt. Dennoch wir haben uns regelmäßig getroffen.
Meistens kam sie angereist nach Hannover. Ich bin auch in Freiburg gewesen.
Ich erinnere mich, dass ich auf dem ersten Teil der Reise von einem Last-
wagen der Alfelder Papierfabrik mitgenommen wurde, von Karlsruhe nach
Freiburg bin ich dann mit dem Fahrrad gefahren.

▷ **Eigene Berufsträume – Arzt oder Architekt**

Ich hatte eigentlich immer den Wunsch, Medizin zu studieren, schon als
Junge. Meine vielen frühen Krankengeschichten machen das wohl ver-
ständlich. Aber nun gab es einen Haken: Ich war in den naturwissenschaft-
lichen Fächern nur mittelmäßig gewesen. Mathe, Physik und Bio – das war
nicht mein Fall. Also hatte ich Sorge, ob ich später das Physikum bestehen
würde.

▷

Stefan beim Aquarellieren, 1950

▷ Der Zeichenkurs

Da kam mein Vater mit seiner Idee heraus, dass ich doch Architekt werden könne. Meine Mutter meinte dazu: »Aber dein Sohn kann doch gar nicht zeichnen!« Im Krieg gab es keinen Kunstunterricht. Irgendwie hatte ich mal ein paar Freihandzeichnungen geliefert. Sonst nichts. Es hatte mich eigentlich auch gar nicht so sehr interessiert.

Nun aber sollte ich, um Architektur zu studieren, eine Mappe produzieren. Architektur war damals ein Numerus clausus-Fach. Man musste sich mit einer sogenannten Mappe mit Zeichnungen, Aquarellen usw. um die Aufnahme bewerben. Jetzt ging es darum, diese Mappe anzufertigen. Mein Vater meinte zu meiner Mutter: »Natürlich kann der Junge zeichnen, das wirst du sehen!« Und er wurde mein Lehrer. Im Sinne der Bauhauslehre führte er mich langsam immer weiter. Wir vereinbarten einen richtigen Acht-Stundentag, wie ihn jeder normale Arbeiter hat: vier Stunden Unterricht vormittags, vier Stunden nachmittags.

▷▷

Er gab mir die verschiedensten Zeichenaufgaben: Landschaften, Architektur, Blick aus dem Fenster, im Vordergrund das Fenster in allen seinen Einzelheiten usw. Großen Wert legte er darauf, präzise zu zeichnen. Und siehe, es wurde immer besser. Wie ein Junge, der Klavierunterricht bekommt, lernte ich das Zeichnen und Malen. Dabei hatte mein Vater mit dem Malen nicht allzu viel im Sinn. Als Bildhauer interessierte ihn mehr die Form, weniger die Farbe. Also bin ich dann alleine in meiner eigentlich freien Zeit sonnabends und sonntags acht Stunden lang in die Alfelder Umgebung gezogen und habe dort aquarelliert. Das war sozusagen mein eigener Beitrag – ohne Bauhaus-Lehrer im Hintergrund. Langsam wurde ich immer besser, bis hin zum Portraitzeichnen: Meinen Großvater habe ich portraitiert und andere ältere Menschen. Denn mein Vater hat mir den Tipp gegeben: »Fang mal mit älteren Menschen an. Das ist einfacher, da kriegt man die Ähnlichkeit gut hin!« Auf die Ähnlichkeit wurde großen Wert gelegt. Nachher habe ich auch Kinder, meine Freunde in Alfeld und die Bekannten meiner Eltern portraitiert. Ich wurde nahezu zu ein Vollprofi. Irgendwo muss es diese Mappe oder zumindest noch Teile davon geben. Vielleicht im Archiv.

▷ **Freie Künste – freie Wahl**

Als ich dann merkte, welchen Erfolg ich mit den Arbeiten für meine Mappe hatte, tauchte eine andere Idee auf. Jetzt nicht mehr Architekt zu werden, sondern ich hatte den Spleen, Maler, also freier Künstler zu werden. Das wollte ich an der Hochschule für Bildende Künste in Hamburg studieren. Denn dort war eine Kollegin meines Vaters vom Bauhaus – eine frühere Nachbarin aus Stettin, Else Mögelin, eine Weberin: Sie hatte eine Webeklasse an der Hochschule für Bildende Künste. Außerdem hatten wir Verwandte in Hamburg. Eigentlich passte alles. Mit meinem Vater habe ich nun einen Vertrag geschlossen: »Ich fahre jetzt nach Hamburg und werde mal sehen, was sie zu meiner Mappe sagen. Ich werde mich aber gleichzeitig, das verspreche ich dir, mit der Mappe in Hannover an der Technischen Hochschule für das Architekturstudium bewerben. Von wo die Zusage früher kommt, das studiere ich dann!«

▷

▷ Ein echter Beckmann

Die Bewerbungsvorstellung in Hamburg lief ganz gut. Als ich ankam, war der zuständige Professor für die Erstsemester gerade dabei, mit seinen Studenten Portraitzeichnen zu üben. Er sagte: »Setzen Sie sich und machen mit!«. Das habe ich gemacht. Portraitzeichnen konnte ich ja. Er ist rumgegangen, hat bei allen geguckt, »Oh«, hat er bei mir gesagt, »das ist ja ein echter Beckmann geworden!«. Also, ich weiß bis heute nicht, ob das ein Lob oder eine eher süffisante Bemerkung war. Ich habe mir damals gesagt: Lob!

▷ Die Schicksalsentscheidung

Dann habe ich gewartet. Im September kam als erstes die Zulassung der Technischen Hochschule in Hannover fürs Architekturstudium. Natürlich habe ich mich an den Vertrag gehalten, den ich mit meinem Vater geschlossen habe, und angefangen, Architektur zu studieren.

▷ Architekt statt Arzt

Ich habe mich manchmal gefragt, was meinen Vater eigentlich bewogen hat, mich vom Medizinstudium abzubringen und Architektur vorzuschlagen. Mir gegenüber hat er das einmal folgendermaßen begründet: Nach dem Krieg hätten so viele Ärzte und auch Medizinstudenten, die nach dem Physikum schon richtig im Lazarett gearbeitet hatten, nach Stellen gesucht. So dass Medizin eigentlich schon jetzt überlaufen sei. Und wegen der schlechten Zeiten würden auch später Mediziner immer noch Schwierigkeiten haben, nach dem Studium überhaupt eine Stelle zu finden. Das war schon eine Begründung, die mich getröstet hat.

▷ **Vaters Motive**

Allerdings habe ich mich auch gefragt, ob noch eine weitere Absicht dahinterstand. Denn mein Vater hat sich als Bildhauer immer sehr gut mit Architekten vertragen oder die Freundschaft mit Architekten gesucht. Warum? Wohl auch, weil er sich versprach, so den einen oder anderen Auftrag für Kunst am Bau zu bekommen. Und darum hat er wahrscheinlich gedacht, wenn mein Sohn Architekt wird, dann funktioniert das natürlich noch einfacher. Das ist vielleicht doch eine von mir schon fast bösartige Unterstellung. Aber solche Überlegungen sind mir durch den Kopf gegangen.

▷ **20 Mark in der Woche**

Mit dem Architekturstudium in Hannover habe ich im September/Oktober 1948 begonnen. Es war das Jahr der Währungsreform. Jeder bekam damals zwanzig Deutsche Mark (DM) als Startkapital. Von einem Vermögen wurden zehn Prozent angerechnet und in DM ausgezahlt. Meine Eltern aber hatten durch die Flucht überhaupt kein Vermögen. Da war nichts zu holen. Der einzige Vorteil war, dass mein Vater seit 1946 die Stelle als Kunsterziehungsprofessor an der Pädagogischen Hochschule Alfeld hatte. Dadurch war ein kleiner Fundus vorhanden. Ich kriegte in der Woche zwanzig Mark und musste damit auskommen. Zum Wochenende fuhr ich deshalb immer nach Alfeld zu meinen Eltern.

Für das Studium brauchte ich zum Beispiel ein Reißbrett und TK-Stifte. Das waren alles Kosten, die außerhalb meiner wöchentlichen zwanzig Mark lagen. Obwohl es finanziell eng war, bin ich doch über die Runden gekommen. Aber abends mal mit Freunden ein Bierchen trinken, so was war am Anfang des Studiums nicht drin.

▷

▷ Baulücken füllen die Kasse

Glücklicherweise bekam ich beim Städtischen Bauamt Hannover einen sehr guten Studentenjob. Ganze Straßenzüge hatten Baulücken. Diese Baulücken zwischen den rechts und links noch stehenden Gebäuden mussten aufgemessen und gezeichnet werden, damit ein Architekt in seinem Bauantrag zeigen konnte, dass der Entwurf sich formal in eine Lücke einordnet. Dieses Aufmessen war nun meine Aufgabe. Hier genug Arbeit zu finden, war in der kaputten Stadt überhaupt kein Problem. Der damals zuständige Baurat war sehr umgänglich. Wenn mein Freund Gerd Pempelfort – wir beide haben das immer gemeinsam gemacht – bei ihm nachfragte: »Haben Sie vielleicht wieder was für uns zu tun?«, fragte er zurück: »Was habt ihr denn schon gemacht?« Auch wenn wir manchmal was doppelt gemacht haben, hatten wir immer genug zu tun. Durch diese Tätigkeit hatte ich keine finanziellen Sorgen mehr. Ich konnte sogar mein ganzes Studium selbst finanzieren.

▷ Entwerfer

Mein Studium habe ich in sehr guter Erinnerung. Zumal ich dann auch Hiwi, also wissenschaftliche Hilfskraft, am Lehrstuhl für Baukonstruktion wurde. Nach dem Vorexamen hatte ich dann sogar eine Hiwi-Stelle bei meinem Entwurfslehrer Professor Fiederling. Das war eine sehr gefragte Stelle. Ich bekam sie wegen der guten Noten auf meine Entwurfsarbeiten. Ich hatte also schon bewiesen, dass ich ein guter Entwerfer war.

Die erste Ausstellung

Der Maler Kurt Sohns erhielt 1948 – gleichzeitig mit dem Beginn meines Architekturstudiums – die Berufung als Professor für Zeichnen und Malen an die Uni Hannover. Im Studium der Architektur gehörte sein Fach zu den Pflichtfächern. Nach dem Vorexamen konnten wir es weiter als Wahlfach belegen. Sohns wurde mein Lehrer und Meister im freien Zeichnen und Malen. Bei ihm konnte ich meine künstlerische Leidenschaft vertiefen. Und nun war die ursprüngliche Berufsalternative Architekt oder Freier Künstler aufgehoben. Es hatte sich in meinem Sinne gefügt.

▽

1952 waren Eva und ich auf unserer Reise durch Italien auch in Taormina auf Sizilien. Hier entstand eine Reihe von Aquarellen, die von den Beiräten des Kunstvereins Hannover, Sohns und Doerries, für die Herbstausstellung ausgewählt wurden. Das führte zu meiner ersten Ausstellungsbeteiligung noch als Student und vor meinem endgültigen Beruf als Architekt und Bildender Künstler.

▷

DIE FRANKREICHREISE

▷ **Das Tandem – die Freunde**

Einige meiner Studienkollegen wie Eberhard Kulenkampff und Thomas Kall-morgen, genannt Tommi, wurden gute Freunde. Mit den beiden habe ich während des Studiums eine sehr schöne Reise gemacht. Eine Tour mit Fahrrad und einem Tandem. Tandem deswegen, weil Eberhard Kulenkampff sein rechtes Bein im Krieg verloren hatte und nicht alleine fahren konnte. Eberhards Familie kam aus Deutsch-Südwestafrika, heute Namibia. Als Deutsche wurden sie in Lagern interniert. Eine Befreiung war nur möglich durch den Antrag auf Repatriierung nach Deutschland. So gelangte noch 1944 Eberhards Vater mit seinen vier Söhnen über Portugal nach Deutschland. Von diesen Vieren sind zwei gefallen, einer hat sein Bein verloren, und nur einer ist unversehrt aus dem Krieg gekommen. Eberhard hatte einen starken Willen und trotz der Behinderung immer viel trainiert. Für unsere Reise durch Frankreich musste er aber erst das Fahrradfahren lernen. Denn auf der heimatlichen Farm im südlichen Afrika hatten sie keine Fahrräder. Da er eine Führernatur war, sagte er eines Tages beim Training: »Dass ich auf dem Tandem immer hinten sitzen muss, weil ich nur mit einem Bein trampeln kann, und ihr ständig lenken könnt, das gibt es nicht. Ich will auch mal das Fahrrad lenken!«

▷ **Antilopenfleisch und Beton**

Die Reise nach Frankreich 1950 musste ja auch finanziert werden. Eberhards Beitrag waren das Tandem, etwas Bargeld und getrocknetes Antilopenfleisch, das getrocknet unverderblich ist. Ich bekam einen Job bei der Baufirma, die den Auftrag zum Wiederaufbau des Opernhauses in Hannover hatte. Hilfreich war hierbei, dass schon 1949 ein Architektenwettbewerb

▷▷

für diesen Wiederaufbau ausgeschrieben wurde und Tommis Vater Werner Kallmorgen den Wettbewerb gewonnen hatte. Mein Job dauerte einen Monat lang und bestand darin, während der Nachtschicht mit der Schubkarre frischen Beton in die vorgefertigte Schalung zu kippen. Das war eine ungewohnte Knochenarbeit. Aber so betonierte ich sozusagen den ersten Rang des Opernhauses. Wenn meine Eltern mit ihrem auswärtigen Besuch die Oper besuchten, empfahl ich ihnen immer Karten für den ersten Rang. Denn ich war mir sicher, der würde niemals Bauschäden haben.

Meine zweite Finanzierungsquelle war eine Honorarvereinbarung mit der Alfelder Zeitung: Ich sollte Berichte über unsere Reise und Erlebnisse, vor allem aus Paris, liefern.

▷ **Die Etappen der Tour**

Die Reise begann am 15. März 1950 und führte über Freiburg zum Grenzübergang bei Breisach (19. März), nach Colmar, Straßburg, Luneville, Nancy, Reims, Compiegne nach Paris (29. März – 18. April), weiter über Chartres, Orleans, Bourges, Vezelay, Alesian, Dijon zurück nach Deutschland.

In Hannover komme ich per Anhalter am 1. Mai 1950 wieder an.

▷ **Russisch-französische Bürgschaft**

Von unserer Reise, die uns dann bis Paris führte, gibt es schöne Geschichten zu erzählen. Natürlich sind wir über Freiburg Richtung Frankreich gefahren. Denn ich wollte Eva ja dort besuchen. Sie war gerade soweit, ihr Studium zu beenden. Nach Frankreich sind wir dann über Breisach und Colmar reingeradelt. Dass wir 1950 überhaupt nach Frankreich reisen konnten, haben wir Tommi zu verdanken. Denn man brauchte einen Franzosen, der für einen bürgte. Das war Solotarev, ein aus Russland nach Frankreich emigrierter Architekt. Er war während des Krieges als französischer Kriegsgefangener in dem Hamburger Architekturbüro von Tommis Vater beschäftigt, dem bekannten Architekten Werner Kallmorgen. Er war dort immer wie ein Kollege behandelt worden. Das dankte er nun mit seiner Bürgschaft für uns.

▷

▷ Ein Bein auf der Reise nach Paris

Natürlich wollten wir Solotarev auf unserer Reise unbedingt besuchen. Er wohnte in der Nähe von Paris. Eberhard Kulenkampff wollte dort aber nicht mit seinem einen Bein und auf Krücken erscheinen. Er hatte zwar eine Prothese, die er aber nur hier in Paris brauchte und die sonst auf der gesamten Tour ein unnötiger Ballast gewesen wäre. Auf jeden Fall hatte er mit seiner Freundin verabredet, dass sie an einem ganz bestimmten Tag mit einem ganz bestimmten Zug in Paris am Gare du Nord sein soll, um Eberhard seine Prothese zu übergeben. Und es hat funktioniert, ohne Handy, ohne Telefon, nur mit Briefen und Verabredung, auf die Minute genau. Wir standen am Bahnhof. Der Zug lief ein. Die Freundin winkte und gab aus einem Fenster das Bein raus. Es war in eine Decke gewickelt, aber so, dass der Fuß mit dem Schuh dran noch rausguckte. Quer über den Lenker gelegt, sind wir mit der Prothese durch Paris zur Jugendherberge gefahren. Die Leute haben geguckt, wo wir wohl diesen Schuh her hätten. Kurz vor Solotarevs Haus schnallte Eberhard seine Prothese an, und elegant traten wir nun auf. Das war auch gut so, denn Solotarev hatte zwei sehr hübsche Schwestern. Ich weiß aber noch wie heute, wie erschüttert wir waren, dass Solotarevs Vater sich weigerte, uns zu empfangen. Er konnte kein Deutsch mehr hören. Das war für ihn unmöglich. Wir haben es verstanden.

▷ »Von der Leine an die Seine«

Wie schon gesagt, hatte ich ja, um etwas zur Finanzierung für diese Reise beizutragen, mit der Alfelder Zeitung einen Vertrag gemacht. Ich würde Artikel über unsere Erlebnisse auf der Reise schreiben. Das habe ich gemacht, und sie sind auch in der Alfelder Zeitung gedruckt worden. Ich weiß nicht mehr, was ich als Honorar bekam, überwältigend war es wohl nicht.

Meine insgesamt fünf Artikel erschienen unter der Überschrift »Von der Leine an die Seine«. In den Artikeln habe ich die Reise in allen Einzelheiten beschrieben. Unter anderem habe ich, das fanden meine Eltern immer so witzig, auch die damalige Mode der Französinnen beschrieben. Die seidenen Strümpfe mit der Naht hinten, die immer gerade sitzen musste. Mir war das besonders aufgefallen, denn sowas kannte ich noch nicht.

Freitag, 28. April 1950   ALFELDER ZEITUNG

Von der Leine zur Seine

In den Cafe's von Paris

Alfelder Student zwischen Malern und Existentialisten

Der Alfelder Student, der mit zwei Kommilitonen eine Fahrradtour zu Studienzwecken durch Frankreich unternimmt und bereits drei Berichte von seinen Begegnungen in der A. Z. veröffentlichte, möchte so gern, wenn das Geld reicht, an die Riviera fahren. Er ist zu einer Radtour gestartet. Zuvor aber schreibt er noch von seinem letzten Bummel durch Paris.

Paris ist die Stadt der schönen Künste. Nun, an der Zahl der Künstler gemessen ist sie dies ohne Zweifel. Es leben augenblicklich 70 000 Maler in Paris, hinzu kommt noch eine stattliche Zahl von Bildhauern, Graphikern und Dichtern. Geht man durch St. Germain de Prés, das Künstlerviertel, so sieht man in den vielen kleinen Galerien zahllose Bilder, die selten einen bleibenden künstlerischen Wert verraten, aber alle warten darauf, verkauft zu werden. Es gibt einige ganz wenige moderne Galerien, in denen ab und zu gute Ausstellungen stattfinden.

In einem Studentenrestaurant der „Beaux arts", treffen wir einen jungen Maler. Er freut sich, ein paar Deutsche zu sehen. „Jetzt sind die Schweden und Amerikaner praktisch die einzigen Bilderkäufer, früher bildeten die Deutschen einen erheblichen Teil. Es ist nicht einfach als freier Maler in Paris zu existieren, aber es leben alle." So ein Restaurant, in dem nur Kunststudenten essen, ist wohl in keiner Weise mit einem normalen Gasthaus zu vergleichen. Wir sitzen an langen Tischen, es herrscht ein unwahrscheinlicher Lärm, neben uns diskutieren einige Neger über Probleme der modernen Kunst, wobei sie am Schluß mit gegenseitigem Bewerfen von Weißbrot ihre Meinung unterstreichen. Nachdem hier gegessen worden ist, sieht es aus, als sei in dem Raum eine Schlacht geschlagen worden. Aber das Essen ist ausgezeichnet und es gefällt uns schon viel besser dort. Demnächst werden wir uns mit Wasser an den Diskussionen beteiligen.

Wir bummeln weiter durch St. Germain. Eine kleine Kunst- oder Buchhandlung neben der anderen, mit Schaufenstern, in denen ganz moderne Bilder zusammen mit furchtbar kitschigen hängen. Nachmittags, wenn die Sonne in die kleinen Gassen hineinscheint, liegt in den Auslagen neben den gesammelten Werken von Shakespeare und einigen alten Stichen, ab und zu eine Katze, die sich dort wärmt und schläft. — Wir brauchen nicht lange zu suchen, um eines jener Existenzialistencafés zu finden, in denen man typische Anhänger dieser Philosophie treffen kann. Abstrakte Bilder an den Wänden, einige junge Studenten mit Vollbärten und kurzen Haaren würfeln mit Mädchen, deren Frisuren keine Locken kennen und ganz kurz geschnitten, wild herumhängen, das ist unser erster Eindruck. Wir warteten vergeblich auf heiße Diskussionen und wilde Tänze. Praktisch war man in einem Pariser Durchschnittscafé, nur daß der Aperitif hier viel teurer ist.

Die Buchhändler am Seinequai haben wir auch besucht. Man kann dort ungestört stundenlang in alten Schwarten herumstöbern. Häufig stößt man dabei auf Bücher in deutscher Sprache, deren Herkunft, laut Stempel, an eine Zeit erinnert, in der man nicht so friedlich durch Frankreich radeln konnte und viel deutsch in Straßen zu hören war. Wie man ja auch die Aufschrift „Luftschutzbunker", leicht vom Regen verwaschen, an einigen alten Mauern noch lesen kann. Aber dies alles scheint vergessen, und wir freuen uns darüber, überall sagen zu können, daß wir

Deutsche sind, niemand hat uns bisher schief angesehen, im Gegenteil alle sind freundlich und wollen wissen, wie es in Deutschland jetzt ausschaut.

Noch ein Wort über die Museen! Es gibt eine riesige Menge von ihnen, und man brauchte wohl mehr als einen zweimonatigen Aufenthalt, um alle besichtigen zu können. Ich will nun nicht erzählen, was wir in den einzelnen Museen an Wertgegenständen und Kunst gesehen haben, nur was uns besonders aufgefallen ist. Vor jedem Museum, sei es der Louvre oder das Museum der Modernen Kunst, parken mindestens zwei große Touristenautobusse, deren Insassen durch die ein-

zelnen Räume geschleust werden. So hört man dort fast alle Sprachen der Welt. Doch nicht nur Ausländer, für die Paris überhaupt eine Art Museum zu sein scheint, trifft man; auch die Pariser selbst zeigen in den Museen und zeigen ein reges Interesse. Es ist so angenehm in jedem Museum Menschen zu finden, den die sonst oft so toten Räume beleben.

In vielen Dingen ist Paris ein Weltmittelpunkt. Kommt man als Fremder nach Paris, so spürt man allem nach, was einem wohl hier einmalig zu sein scheint. Und die opéra comique ist wirklich einmalig. Wir sahen dort einen Balletabend. Es ist eine märchenhafte Atmosphäre, und man wird an die Bilder des Pariser Malers Degas erinnert, wenn die Prima Ballerina über die Bühne huscht. Bei den modernen Stücken wird der Tanz Ausdruck eines bestimmten Gefühls und er zieht einen mit dämonischer Kraft in seinen Bann. Und wie sind die Zuschauer? In den ersten Reihen sitzen auffallend viele ältere Herren, wir hatten Karten für den vierten Rang. Dort findet man überhaupt viele junge Ausländer, die für wenig Geld in die Oper gehen wollen.

Auch für halbe Landstreicher, wie wir es sind, ist es dort droben gerade richtig. Um die vielen, schönen und eleganten Damen und deren Abendkleider betrachten zu können, muß man unbedingt einen Frack anziehen.

Geht man ins Kino, so darf man sich überall hinsetzen, denn die Filme laufen den ganzen Tag bis in die Nacht hinein. Daß die Logen für die Liebespärchen reserviert sind, versteht man von selbst. Es werden viele ausländische Filme gezeigt, darunter auch ein deutscher: „Berliner Ballade". An eines muß man sich in den Kinos und Theatern gewöhnen, die Platzanweiserin bekommt ein Trinkgeld. Der Eintrittspreis ist teurer als der in

Deutschland. In die Oper kann man wesentlich billiger gehen, als in ein Kino. Will man Paris restlos erleben, dann muß man viel Geld haben. Wir haben versucht es auf unsere Art, ohne viel Geld, kennenzulernen und sind auch auf unsere Kosten gekommen.

UM DEN GROSSEN PREIS VON PARIS

Zwischen Madelaine und Bastille wurde der große Preis von Paris ausgetragen. Die Kellner der Pariser Cafés, die unser Bild am Start zeigt, hatten sich durch die Straßen zu schlängeln und mußten mit Tablett wohlbehalten ihr Ziel erreichen. ILA

▷ Ein besonderer Burgunderbraten

Eine der berichteten kleinen Episoden erinnere ich von der Fahrt durch Burgund. Als wir durch Reims fuhren, sahen Tommi und ich einen Rossschlachter. Tommi und ich kannten natürlich aus der Kriegszeit bzw. Nachkriegszeit, dass man Pferdefleisch aß. In meiner Alfelder Nachbarschaft war ein Pferdeschlachter. Der mochte mich wohl, denn ich habe auf die Lebensmittelmarken immer die doppelte Ration bekommen. Für mich unvergessen: Am 21. Juni, meinem Geburtstag, das muss 1946 oder 1947 gewesen sein, schob er nachts um zwölf eine dicke Rosswurst durch das offene Fenster. Er musste das mit seinen beiden Unterarmen machen. Denn er hatte im Krieg beide Hände durch eine Handgranate verloren, die er selber gezündet hatte. Mit den Resten seiner Arme also schob er diese Wurst durch das geöffnete Fenster, um mir eine Geburtstagsfreude zu machen.

Tommi und ich waren also auf Pferdefleisch geeicht. Während Eberhard, der davon Wind bekam – auf einem Tandem sitzt man ja dicht beieinander –, meinte: »Wenn ihr mir heute zum Abendbrot in der Jugendherberge Pferdefleisch serviert, dann kann ich euch nur sagen: Ich werde sterben, also lasst das!« Naja, Tommi und ich, wir haben uns unseren Teil gedacht. Immer, bevor wir zur Jugendherberge fuhren, mussten wir uns zuvor bei der örtlichen Polizei melden. Das war nicht so einfach, aber es funktionierte. Wenn wir dann Quartier bezogen hatten, fuhr einer einkaufen. Dieses Mal war es Tommi. Und er kam wieder: »Ich habe wunderbares Rinderfilet gekriegt!« Eberhard war die ganze Sache zwar nicht geheuer. Aber trotzdem haben wir drei mit großem Appetit dieses »Rinderfilet«-Pferdefleisch verzehrt. Auch Eberhard.

▷ Grüne Überlebensäpfel

Am nächsten Tag klagte Eberhard schrecklich über Durchfall: »Ihr Hunde, ihr habt mir Pferdefleisch zum Essen gegeben. Ich habe euch doch gesagt, dass ich dann sterbe. Es gibt jetzt nur eine Möglichkeit. Tommi muss in die Stadt fahren und mir zehn Kilo grüne Äpfel besorgen. Die muss ich essen. Nur so habe ich eine Chance zu überleben.« Er hat dann tatsächlich die zehn Kilo Äpfel weggeputzt. Und damit war's wieder gut.

▷ **Ein Stück Kathedrale von Vézelay**

In Vézelay haben wir die romanische Kathedrale Ste-Marie-Madeleine besucht, die gerade renoviert wurde. Auf den Tischen lagen alle möglichen Steine und Teile für eine entsprechende Rekonstruktion. Wir kamen mit einem jungen Mann ins Gespräch, der ganz gut Deutsch sprach. Es stellte sich heraus, dass er in der Kathedrale Unterschlupf gefunden hatte. Er war nämlich Mitglied bei der französischen SS gewesen und hatte im Krieg auf deutscher Seite mitgekämpft. Auch sowas gab es.

Sein Vater, Professor in einer französischen Universitätsstadt, hatte durch seine Verbindungen mit dem Klerus den Jungen hier erstmal untergebracht. Der junge Mann freute sich sehr, dass er mit uns endlich wieder mal ein paar Worte Deutsch sprechen konnte. Beim Abschied bekamen wir alle von ihm ein Geschenk. Er griff sich irgendein Teilchen eines Kapitels vom Tisch und drückte es uns in die Hand. Bis zum Schluss in meinem Haus Morgensternweg stand es da als Erinnerung an diese Reise.

▷ **Kloster im Wald**

Dann gab er uns noch einen sehr guten Tipp mit auf den Weg. So etwa zwanzig bis dreißig Kilometer weiter auf unserer Tour durch Burgund gäbe es auf einem ziemlich hohen Berg im Wald ein Kloster – Abbaye Sainte Marie de la Pierre-qui-Vire. Das Benediktinerkloster wurde als Schweigekloster geführt. Die Mönche dürfen nicht verbal laut kommunizieren und wenn doch, dann nur mit Erlaubnis des Abts. »Wenn ihr dahin fahrt, werdet ihr freundlichst empfangen. Am besten ist es, nachts anzukommen. Die Mönche nehmen euch dann so herzlich auf, als ob Jesus selbst ein Nachtlager suche.« Also Stefan, Eberhard und Tommi in Vertretung von Jesus.

▷

▷ Mitternachtsmahl

Natürlich wollten wir das erleben. Es war eine ziemliche Trampelei bis da oben hin. Nachts um null Uhr haben wir wirklich an die Tür geklopft. Die Tür ging auf. Es erschien ein Mönch. Er hielt sich den Zeigefinger vor den Mund und bedeutete uns, dass er nicht sprechen darf. Aber er machte mit dem anderen Finger ein Zeichen, wir sollten reinkommen. Unsere Räder konnten draußen stehen bleiben. Drinnen konnten wir uns frisch machen. Nach einer Stunde etwa holte er uns und führte uns ins Refektorium. Da stand in der Mitte des Raumes ein Tisch mit einer weißen Tischdecke, gedeckt für drei Personen. Und dann kriegten wir ein französisches Abendessen erster Klasse serviert. So etwas Exquisites hatten wir noch nie in unserem Leben gegessen.

Nach diesem Mahl brachte er uns in ein Nebengebäude. Dort bekamen wir ein Zimmer mit drei Betten. Irgendwer hatte unser Gepäck schon hergebracht und wohl auch die Räder in den Hof geholt. Wir haben himmlisch geschlafen.

▷ Ein glücklicher Bruder Küchenchef

Am nächsten Morgen erschien ein anderer Mönch. »Herzlich Willkommen. Ich habe Erlaubnis vom Abt, mit Ihnen zu sprechen und stehe Ihnen zur Verfügung, solange sie hier sind. Sie können so lange bleiben, wie Sie wollen. Wir freuen uns über Sie!« Eine ganze Woche sind wir geblieben und haben das Klosterleben sehr genossen. Wir haben auch an Messen teilgenommen. ▽

Besonders war aber das Mittagessen. Die Mönche sind singend aus dem Kreuzgang in das Refektorium eingezogen. Wir standen am Rand, und die letzten gaben uns dann ein Zeichen, wir sollten uns anschließen. Als wir den Raum betraten, hatten alle Mönche schon an den Seitentischen Platz genommen. Und wir gingen durch ihre Mitte, denn unser Tisch stand in der Mitte, gedeckt mit weißem Tischtuch, feinen Servietten und bestem Geschirr. So haben wir diniert, während die Mönche um uns herum aus ihrem Blechgeschirr ihr Süppchen gegessen haben.

▷▷

Unser Begleiter, der ja reden durfte, erklärte uns nachher: Der Bruder Küchenmeister sei so glücklich, dass er endlich mal zeigen könnte, was er als Koch drauf hat! Die Zutaten kamen alle aus der eigenen Landwirtschaft, denn das Kloster war autark und bewirtschaftete ein Gut.

▷ **Satter Abschied**

Wir wurden von dem Abt empfangen. Er erlaubte, dass wir gerne die Bibliothek benutzen könnten mit vielen Büchern über Architektur. Was wir weidlich genutzt haben. So haben wir uns in den acht Tagen dort sehr gut erholt. Am letzten Abend bekamen die Mönche, die in deutscher Kriegsgefangenschaft gewesen waren, Redeerlaubnis, um sich bei uns über die Situation in Nachkriegs-Deutschland zu informieren. Wir waren die ersten Deutschen, die nach dem Krieg das Kloster besuchten. Als dann die Abschiedsstunde kam, sollten wir Platz in einer Fahrradtasche schaffen und sie ihnen geben. Sie haben in die Tasche für jeden von uns kleine Überraschungen gepackt: zum Beispiel drei Tafeln Schokolade und drei Butterbrote. Sogar der Schaden an unserem Einzelfahrrad war repariert. Herzlich und dankbar haben wir uns von den gastfreundlichen Mönchen verabschiedet.

▷ **Sentimental Journey**

In den 1970er Jahren bin ich mit Eva noch einmal auf einer Frankreichreise dort gewesen. Dieses Kloster wollte ich ihr gerne zeigen. Es war noch so wie damals. Draußen vor dem Kloster war immer noch der große Stand mit all den Produkten, die die Mönche selber herstellen: Backwaren, Obst, Gemüse – mit einer Büchse für das Geld. Wir haben etwas für unsere weitere Reise dort gekauft. Übernachtet haben wir aber nicht. Es sollte ja nur eine Stippvisite sein.

▷

Eva und Stefan Schwerdtfeger, Hochzeit in Hannover, 1954

IMPRESSIONEN AUS WEITEREN LEBENSRÄUMEN

▷ **Hochzeit oder Junges Glück im Alten Rathaus**

Im Dezember 1953 habe ich mein Diplom gemacht. Unmittelbar danach bin ich zu meinen Eltern gegangen und habe ihnen verkündet, dass ich im Januar heiraten will. Eva und ich waren ja schon sechs Jahre lang zusammen. Meine Eltern meinten aber: »Mal langsam, wartet noch ein halbes Jahr!« Das haben wir auch wirklich gemacht. Ich hatte eine Stelle in einem Architekturbüro in Marl, Eva arbeitete als Krankengymnastin in Bocholt.

Im August 1954 habe ich in der Voßstraße in Hannover eine Wohnung gemietet. Eva zog als Verlobte mit ein. Am 16. September 1954 sind Eva und ich dann in der Lukaskirche getraut worden. Eva in einem schönen Kleid, keinem weißen Brautkleid, und ich in dem schwarzen Anzug, den ich mir zu meiner Diplomprüfung im Dezember gekauft hatte.

Unsere Hochzeitsfeier fand im Ratskeller in Hannover statt. Der Kreis war klein: Evas Mutter und Großmutter, meine Eltern und meine Schwester Brigitte. Die Speisen bezahlte die Brautmutter und ich die Getränke, wie es sich gehörte.

Die Hochzeitsgesellschaft in Hannover 1954 von links nach rechts: Uta Wegener, Maria Eggert, Edith Blume, Eva und Stefan Schwerdtfeger, Hildegard, Brigitte und Kurt Schwerdtfeger

▷

▷ Berufsweg 1953–1993 im Zeitraffer

Nach meinem Diplom im Dezember 1954 war ich vier Jahre lang Assistent bei meinem Professor Fiederling. Dann bin ich zum Hochbau Hannover in die Entwurfsabteilung gegangen. Dort hatte ich die Chance, große Bauten zu entwickeln und die Praxis richtig kennenzulernen, mit eigenem Entwurfs-Team und großer Selbständigkeit.

Ich habe Bauten entworfen und realisiert. Bis ich 1959 an die Werkkunstschule in Hannover gekommen bin, um eine Dozentenstelle für Innenarchitektur und damit auch die Leitung der Abteilung für Innenarchitektur zu übernehmen. Dort war ich bis 1971 und bekam dann einen Ruf an die Universität Hannover auf den Lehrstuhl für Modellieren und experimentelles Gestalten, wie ich ihn später ergänzte. Das war nun »mein« Fach, das mich wirklich interessierte.

▽

1993 bin ich emeritiert worden. Neben meiner Lehrtätigkeit hatte ich ein kleines Architekturbüro mit schönen Aufträgen, zum Beispiel für Einfamilienhäuser, mit erfolgreichen Wettbewerben und verschiedenen Aufgaben aus dem Bereich von Kunst im öffentlichen Raum. Nach meiner Berufung an die Universität lag das Schwergewicht meiner »Nebentätigkeit« in Kunst am Bau und im öffentlichen Raum.

▽

1971 gründete ich mit meinem damaligen Assistenten Diether Heisig die Arbeitsgemeinschaft für Objekt- und Stadtgestaltung, die Heisig nach meiner Emeritierung alleine weiterführte.

▷ **Bauten in Hannover**

In meiner Zeit im Hochbauamt habe ich u. a. die Elsa-Brändström-Schule, ein Gymnasium, gebaut. Als Abschiedsgeschenk bekam ich für mein kleines Architekturbüro noch eine reizvolle Aufgabe: in Marienwerder eine neue Grundschule – Volksschule hieß das damals noch – zu bauen. Sie wurde errichtet, bevor überhaupt eine einzige Wohnung neu gebaut war. Das war sehr klug. Denn eine Schule muss da sein, wenn junge Familien mit ihren Kindern in ein Neubaugebiet ziehen. Die Aufgabe war insofern interessant, als auf dem vorgesehenen Grundstück eine große Feldscheune und eine Ulme standen. Ich habe darum Materialien verwandt, die in den ländlichen Raum passen: Schiefer zur Außenverkleidung und innen Naturholz zur Schalldämmung. Es ist eine schöne Schule geworden. Mich freut, dass sie bis auf den heutigen Tag beachtet wird und immer noch nicht renovierungsbedürftig ist.

▷

AUF DEM WEG ZUM EIGENHEIM

▷ **»Wir müssen was machen!«**

Anna war schon geboren. Ich war Assistent im letzten Jahr an der Uni, und wir hatten eine Zwei-Zimmer-Wohnung in der Voßstraße im vierten Stock. Es gab ein sogenanntes Wohn-Schlaf-Zimmer und ein Kinder-Schlaf- und Spielzimmer. Das war schon sehr beengt. Eines Abends haben wir zusammengesessen mit Eberhard Kulenkampff, dem es in der Paulstraße ähnlich ging. Es war uns allen klar: »Wir müssen was machen. So kann unsere Situation nicht bleiben!« 1957/58 herrschte immer noch Wohnungsmangel, und die Angebote auf dem Markt waren viel zu teuer. Eberhard, inzwischen zuständig für den Bezirk Nordwest Hannover im Stadt- und Planungsamt, kam plötzlich mit der verwegenen Idee: »Wir müssen bauen!« Ich ganz überrascht: »Mit dreihundert Mark netto kann ich doch nicht bauen. Von meinem Vater kann ich auch nichts borgen. Das wird nichts!« Aber Eberhard blieb hartnäckig. »Das ist ganz egal. In meinem Amt ist ein Vermessungsingenieur, der verdient weniger als wir. Der hat gerade gebaut. Also, wenn der das schafft, schaffen wir das auch!«

▷ **Weder Samba noch Eisenbahn**

Nun auch angesteckt, habe ich den Faden aufgegriffen: »Eberhard, wenn, wenn ... wir bauen wollen, dann geht das nur auf einem städtischen Grundstück. Du sitzt doch als Bezirksleiter für Nordwest Hannover an der Quelle. Hast du irgendwo was, was wir angucken können?« »Ja«, hat er gesagt, »am Vinnhorster Weg gibt es eine Bebauungsmöglichkeit. Vorgeschrieben sind da sogenannte Sambatypen.« Sambatyp meint ein Haus, vorne zweigeschossig, hinten eingeschossig mit Schleppdach usw. Eberhard und ich sind also dahingefahren und haben uns die Grundstücke angeguckt.

▷▷

Ein Zug nach dem anderen fuhr auf den nahen Gleisen vorbei. Da verläuft ja eine der am meisten befahrenen Strecken Hannovers. »Also Eberhard, ich ziehe nicht von einer Haltestelle, wo Tag und Nacht Busse halten, an eine Bahnstrecke, wo 24 Stunden lang Züge fahren. Hast du nicht was Besseres?«

▷ **Kahle Wiese und Schulgrundstück**

»Ja, in Herrenhausen!« So machten wir uns auf den Weg zur Graft am Herrenhäuser Garten und standen hier vor einer kahlen Wiese. Die war etwa ein Meter zwanzig tiefer als die Straße gelegen und nur mit Aufwand geeignet. »Da ist noch ein Problem«, meinte Eberhard, »im Flächennutzungsplan ist hier ein Schulgrundstück ausgewiesen. Das geht nicht!« Ich sagte: »Das geht! Du willst mir als Planer doch nicht sagen, dass das hier ein ideales Schulgrundstück ist. Eine Schule passt viel besser an die Herrenhäuser Straße.«

Ein Standort, an dem dann später die Berufsschule und die Werkkunstschule tatsächlich gebaut wurden. Damals waren hier noch die Wasserbehälter für die Fontaine im Großen Garten.

▷ **Der Fast-Schwiegervater**

Allerdings mussten wir für die Umplanung bzw. Verlegung der Schule noch den zuständigen Schuldezernenten überzeugen. »Eberhard, den Stadtschulrat kennst du doch gut. Das wäre doch fast dein Schwiegervater geworden!« So sind wir also zu Professor Oppermann, damals Schuldezernent, gegangen. Er hat sich gefreut, dass wir zwei netten Jungs kamen, um ihn zu besuchen. Wir haben ihm unsere Pläne und Vorschläge vorgetragen. Eberhard hatte zum Glück bei ihm einen Stein im Brett. Vater Oppermann hatte es nämlich gar nicht gut gefunden, dass seine Tochter Barbara nicht mehr die Freundin von Eberhard bleiben wollte. Vielleicht hatte sie sich geärgert, dass wir beim Kostümfest immer den Schlager »Barbara, Barbara, komm mit mir nach Afrika« gesungen haben. Schuldezernent Oppermann hatte letzten Endes Verständnis für die Verlegung der Grundstücke für eine Schule in Herrenhausen.

▷

▷ Morgensternweg – eine Idee sucht ihre Genehmigung und findet Streit

Eberhard hat den gesamten Bebauungsplan mit einer Gestaltungssatzung erstellt. Seit 1957 waren wir ja schon am Planen und Vorbereiten. Die endgültige politische Entscheidung und Genehmigung haben dann aber ungefähr noch ein Jahr gedauert. In der konkreten Planungsphase hatten Kollegen schnell Wind von unserem Vorhaben und den Bebauungsmöglichkeiten in dem neuen Baugebiet bekommen. Wir hatten an sich vorgehabt, sechzehn Reihenhauseinheiten ziemlich einheitlich zu bauen, um die Baukosten zu senken. Es ist doch klar, wenn ich zum Beispiel sechzehn Fenster mit denselben Maßen bauen lasse, wird es billiger als ein einziges Fenster.

Diesen Plan haben uns aber die anderen Architekten mit ihren eigenen Vorstellungen zerschlagen.Es gab teilweise richtigen Streit. Vor allem um den Zugang und die Ausrichtung der Reihenhäuser und damit auch des Hofes bzw. Gartens. Unsere Kollegen wollten unbedingt, dass der Zugang vom Wohnweg durch das Untergeschoss führt. Genau das haben wir von vornerein abgelehnt. Wir dagegen hatten vorgesehen, dass wir vom Wohnweg erst in den Hof, sozusagen den Empfangsraum, kommen und dann das Haus betreten.

Viele Argumente für beide Varianten: »Dann steht bei euch der Briefträger gleich im Wohnzimmer.« »Wir wollen aber von Küche und Essplatz nicht immer die Füße und Beine unserer Nachbarn vorbeigehen sehen!«

▷ Der Kompromiss – Split Level

Die Streitfragen wurden bis zum Stadtbaurat getragen. Entschieden wurde letzten Endes zweierlei: Statt des Flachdaches mussten wir ein Dach mit zehn Prozent Neigung bauen, und es musste ein Furaldach sein. Fural ist ein Aluminiummaterial, das Rolle für Rolle nach dem Reißverschlussverfahren nebeneinander auf dem Dach zusammengefügt wird. Ein sehr gutes Material, das auch heute nach über fünfzig Jahren keine Reparatur braucht. Aber ansonsten durften wir unseren gesamten Entwurf realisieren: Zugang vom Weg durch den Hof.

▷▷

Ein Haus im sogenannten Split Level, d. h. ebenerdiger Eingang in eine große Halle und von dort eine halbe Treppe runter ins Untergeschoss bzw. eine halbe Treppe hoch zum darüber liegenden Obergeschoss. Die gesamte Wohnfläche betrug nur hundert Quadratmeter. Durch Zusammenziehen von Küche, Essplatz und Wohnraum wirkte das Erdgeschoss aber sehr großzügig.

▷ **Die erste Zeile und letzte Absicherung**

Eberhard Kulenkampff und ich haben als Nachbarn in der ersten Zeile (von insgesamt sechs) vorne mit Blick auf den Großen Garten bauen können. Mein eigenes Haus war gleichzeitig mein erster wirklicher Bau, den ich von der Ausschreibung bis zur Bauleitung realisiert habe.

Bis dahin hatte ich nur im Rahmen der Erweiterung des Verwaltungsgebäudes des Kreises Hannover einen Sitzungssaal für den Kreistag geplant. Den es übrigens heute noch gibt. Das konnte ich auch nur – ich war ja noch Assistent –, weil mein Professor Fiederling keine Lust dazu hatte und mir das Projekt übertrug. Diese Maßnahme war das Einzige, was ich als Architekt vorzeigen konnte. Eine dünne Basis, um eine Finanzierung von der Bank zu bekommen. Das einkalkulierte Geld für die Planung der sechzehn Einheiten fehlte ja, da dieses Vorhaben nicht funktionierte. Genau rechtzeitig gewann ich da einen Wettbewerb in Wilhelmshaven für einen neuen Stadtteil mit ca. fünfhundert Wohnungen. Damit war die Absicherung der Hausfinanzierung gegeben.

▷ **Zu Hause**

1958 sind wir in unser Haus am Morgensternweg eingezogen. Eva und ich mit unseren beiden Töchtern Anna und Julia. Ein Jahr später ist Robin geboren worden. In diesem Haus habe ich bis 2016 gewohnt.

△

IMPRESSUM

Dieses Buch erscheint anlässlich des 90. Geburtstages von Stefan Schwerdtfeger.

Autor
Peter Kollmar

Redaktion
Stefan Schwerdtfeger, Peter Kollmar

Gestaltung
Olav Raschke/Neumade

Lektorat
Angela Lautenbach

Schrift
Thesis/TheSans, TheSerif

Papier
RecyStar Natur, Surbalin

Druck
Gutenberg Beuys Feindruckerei GmbH

1. Auflage
600 Exemplare

Verlag
Internationalismus Verlag

Fotonachweis
Schutzumschlag innen: Olav Raschke
Coverfoto und alle anderen Abbildungen stammen aus dem Privat- und Familienbesitz
der Familie Hanau und der Familie Schwerdtfeger

Die Deutsche Nationalbibliothek verzeichnet diese Publikation in der Deutschen Nationalbibliografie;
detaillierte bibliografische Daten sind im Internet über http://dnb.ddb.de abrufbar.

ISBN   978-3-922218-99-9